VOCÊ SABE O QUE O SEU FILHO ESTÁ FAZENDO NA INTERNET?

Wanderson Castilho

VOCÊ SABE O QUE O SEU FILHO ESTÁ FAZENDO NA INTERNET?

A criança e o adolescente como alvos
de criminosos no mundo virtual

© 2014 – Wanderson Castilho
Direitos em língua portuguesa para o Brasil:
Matrix Editora - Tel. (11) 3868-2863
atendimento@matrixeditora.com.br
www.matrixeditora.com.br

Diretor editorial
Paulo Tadeu

Capa
Iolanda Garay

Foto da capa
Studio M Photo

Projeto gráfico
Alexandre Santiago

Diagramação
Fernanda Kalckmann

Revisão
Adriana Wrege

Dados Internacionais de Catalogação na Publicação (CIP)
SINDICATO NACIONAL DOS EDITORES DE LIVROS, RJ.

Castilho, Wanderson
  Você sabe o que o seu filho está fazendo na internet? : a criança e o adolescente como alvos de criminosos no mundo virtual / Wanderson Castilho. -
1. ed. - São Paulo : Matrix, 2014.
144 p. ; 21 cm.

ISBN 978-85-8230-123-4

1. Crime por computador - Brasil. 2. Fraude na internet - Crianças - Brasil. I. Título.

14-09263

CDU: 303:004.738.5

Para meus pais, Alcides e Maria José,
que me deram a vida.

Para Silvia, Sophia e Valentina, que me
motivam a lutar por ela.

Sumário

Prefácio   9
Introdução   13

Parte 1

Cyberbullying - Internet, a nova tecnologia para uma velha prática de intimidação e violência   15

    Bullying – atos de violência física ou psicológica   17
    Cyberbullying – a intimidação e a violência na internet   19
    Columbine: a internet já dava pistas do massacre   21
    A loucura se repete no Brasil e também pela internet   23
    O bullying e a violência moral contra adolescentes   25
    Quando o cyberbullying chega aos extremos   27
    A comunidade escolar no combate ao cyberbullying   31

Parte 2

A pornografia na internet - A exposição de adultos e crianças em cenas de nudez e sexo como forma de ganhar dinheiro com o cybercrime   35

    Sexting – mensagens e imagens sensuais na web   37
    Pornografia infantil, um velho crime numa nova mídia   39
    Imagens "esquecidas" são usadas por criminosos   41
    A Lei Carolina Dieckmann   45
    Fim de relacionamento e a vingança na internet   47
    Métodos dos pedófilos para atrair crianças na web   51

Parte 3

A sextorsão - *Crianças e pais nas mãos de chantagistas virtuais* — 55

    A indústria da pornografia e a sextorsão — 57

Parte 4

Outros cybercrimes - *Todos os dias aparecem golpes novos na rede. As crianças são os alvos preferenciais dos criminosos* — 67

    Internet é usada para aliciamento de menores — 69
    Como agem os aliciadores de menores no Brasil — 71
    Criminosos se fazem passar por produtores de TV — 75
    O mercado dos perfis falsos — 77
    Os golpes de relacionamento – a namorada russa — 81
    A escolha de crianças e jovens por grupos violentos — 83
    Links de sites falsos que roubam senhas dos usuários — 87
    Quadrilhas procuram sinais de ostentação na web — 89

Parte 5

Dicas de proteção na internet - *Atitudes que ajudam a evitar problemas no uso de computadores e dispositivos móveis de comunicação* — 91

    Ambiente totalmente seguro na internet é um mito — 93
    Regras básicas — 95
    Para uso em família — 97
    Orientações para os filhos — 99
    Para todos os internautas — 105
    Sou vítima, e agora? — 111
    Termos mais usados no mundo virtual — 113

Referências na internet — 139

Prefácio

Esta nova obra de Wanderson Castilho nos faz refletir sobre o tipo de educação que estamos dando para nossos filhos da geração digital. Será que, mesmo com o mundo cada vez mais perigoso, ainda negligenciamos os riscos que envolvem o uso da internet, que é hoje a "porta digital da casa"?

Vivemos uma grande mudança de cultura, uma quebra de paradigma entre o que é público e privado, e até mesmo um grande questionamento sobre que tipo de conteúdo deve realmente ser compartilhado nas mídias sociais.

Do ponto de vista jurídico, os pais respondem pela segurança de seus filhos, mas, do ponto de vista social e educacional, estamos preparados para orientá-los a ter um comportamento mais ético e mais seguro no uso das novas tecnologias? Como construir um bom senso coletivo em torno de questões tão fundamentais como proteção de identidade na web (que hoje são as senhas) e preservação da intimidade (que hoje fica exposta em comentários banais de rotinas que colocam toda a família em perigo)?

Muitos pais não conhecem ou não têm interesse em saber mais como funcionam as novas tecnologias. Há uma dose de omissão relevante quando um pai ou mãe diz que o filho tem Facebook, Instagram, Twitter, mas nunca entrou lá para ver, nunca leu sequer o Termo de Uso que regula as obrigações e responsabilidades entre as partes.

O resultado disso é que assistimos perplexos ao "abandono digital" desses filhos que têm perfil em todo tipo de mídia social e aplicativo de mobilidade, mesmo sem ter a idade mínima exigida pelo fornecedor do serviço.

Ou seja, além de desamparados, esses jovens são estimulados pela apatia e inércia da família a cometer pequenas infrações éticas e até ilícitos, como a prática de falsa identidade, falsidade ideológica, sem que sejam repreendidos.

Onde está a moral? Se mentir a idade não gera bronca hoje, com 10 anos de idade, então pegar o carro escondido aos 16 anos será tranquilo, consumir álcool antes dos 18 anos, ok, e quem sabe piratear, plagiar, difamar, discriminar, até mesmo furtar não gerarão nenhum tipo de reação de indignação dos pais. Esse é o futuro dessas crianças?

O autor mostra claramente o senso de urgência e preocupação que todos nós devemos ter, pois estamos muito atrasados no que diz respeito à educação em segurança digital. Nossos filhos serão vítimas fáceis na web ou poderão se tornar os grandes vilões, criminosos digitais, que abusam da liberdade de expressão e praticam a "justiça com o próprio mouse".

Definitivamente, não podemos deixar isso acontecer. Os pais devem ser presentes na vida digital dos filhos. E os jovens? Precisam deixar de ser mimados e superprotegidos e assumir a responsabilidade por seus atos. Têm que saber o que estão fazendo e quais são as consequências. Precisam de orientação, de limites, bem como criar uma visão crítica sobre suas próprias atitudes, dentro do que já existe previsto em lei do que é certo ou errado na sociedade digital.

Do desleixo ao escrever de forma errada à falta de conhecimento (não de informação) sobre o que impacta a vida hoje e amanhã, corremos o risco de produzir uma geração perdida, que não tem sonhos, ambições, nem quer sair da casa dos pais. Afinal, o excesso de liberdades e o uso prematuro de tecnologias sem supervisão parental e escolar pode ser bem prejudicial. E depois não há como se arrepender, afinal o conteúdo se perpetua na web!

Na verdade, hoje, documentamos nosso sucesso ou nosso fracasso em formar indivíduos digitalmente corretos, mais preparados para usar todo o poder da inovação tecnológica de forma ética, segura e legal.

Esta obra do Wanderson deveria ser de leitura obrigatória nas escolas, alcançando alunos, pais, educadores. Temos que despertar antes que seja tarde demais. Temos que ligar o sinal de alerta!

Dra. Patricia Peck Pinheiro, advogada especialista em Direito Digital, sócia fundadora do escritório Patricia Peck Pinheiro Advogados, da empresa de cursos Patricia Peck Pinheiro Treinamentos e do Instituto ISTART de Ética Digital, que conduz o Movimento Família mais Segura na Internet (www.familiamaissegura.com.br).

Twitter: @patriciapeckadv
E-mail: patricia.peck@pppadvogados.com.br

Introdução
Novas tecnologias e mudanças em nosso modo de vida

Ao examinarmos a história da humanidade, pelo menos nos 10 mil anos em que a temos documentada, verificamos que a introdução de novas tecnologias no dia a dia determina, em um primeiro momento, relações econômicas diferentes das anteriores entre as pessoas e, em paralelo, altera os costumes. Assim, como exemplo de tecnologias recentes que modificaram totalmente o nosso modo de vida, podemos citar a eletricidade e o automóvel, imprescindíveis em nosso tempo. Hoje, nem imaginamos como seriam as mais simples atividades humanas nos centros urbanos modernos sem iluminação, transporte individual e de massas proporcionados por essas inovações.

Dessa maneira, a passos largos, chegamos às primeiras décadas do século XXI assimilando várias novas tecnologias introduzidas com o aprimoramento da informática, como a rede mundial de computadores e outros equipamentos de comunicação, especialmente os telefones móveis, os celulares e seus derivados. O mundo já não tem fronteiras, as distâncias praticamente não existem da forma como concebíamos no século passado. Ou seja, experimentamos o maior salto tecnológico da humanidade de todos os tempos, numa velocidade nunca antes alcançada e que nos mostra várias transformações no nosso modo de vida, ainda não mensuradas em seu todo.

Sabemos que toda novidade tecnológica introduzida no mundo dos homens pode ser usada para o bem ou para o mal.

Assim foi com o avião e com a energia atômica, utilizados para o nosso conforto e, infelizmente, em guerras sangrentas.

Dessa maneira, não é de espantar que o mesmo aconteça com a informática, utilizada para desenvolver tecnologias que facilitam nossas vidas, mas que também são apropriadas por pessoas sem escrúpulos para praticar os mais diferentes golpes e crimes, os cybercrimes, que têm como alvo justamente a inocência de nossas crianças e adolescentes.

Como especialista em crimes de internet, me dedico há anos à investigação e solução de vários crimes que exploram a boa-fé das pessoas que se utilizam do computador nas mais diversas atividades. As vítimas se sentem impotentes diante dos criminosos cibernéticos por não saberem quem são, onde estão e por que agem.

Verifico na maior parte dos casos que a origem de muitos problemas – como o roubo de informações e imagens não autorizadas divulgadas por computadores – decorre de condutas que poderiam ser facilmente evitadas e simples atitudes dificultariam a ação dos criminosos, desde a adoção de uma senha até a vigilância das atividades dos filhos na internet.

Este não é um livro de ficção. Procurei reunir aqui um conjunto de histórias para apontar como o cybercrime se aproveita das crianças, como se desenvolve e quais são suas consequências trágicas na vida daqueles que têm nos computadores instrumentos de trabalho, estudo e lazer.

Apresento algumas dicas de segurança para que os usuários de computadores não fiquem expostos aos oportunistas, sempre atentos à prática de golpes e chantagem. No capítulo final, essas informações estão disponíveis e organizadas de tal modo que, se adotadas, devem proteger as famílias das ações dos criminosos.

Parte 1

Cyberbullying
Internet, a nova tecnologia para uma velha prática de intimidação e violência

Bullying – atos de violência física ou psicológica

Intolerância e vaidade são e sempre foram os grandes pecados do mundo. Nada mais pode justificar a inata vocação humana de encontrar vítimas para pequenas e grandes maldades. E isso em todas as idades e camadas sociais.

Recentemente, os pais começaram a conviver com um novo termo tirado do inglês e que, principalmente na escola, passou a fazer parte do universo dos filhos: o bullying, que se define como atos de violência física ou psicológica, intencionais e repetidos.

A palavra *bullying* é nova em nosso cotidiano, porém a prática é muito antiga. Quem não se lembra de algum valentão (*bully*, em inglês) na escola, nos times ou em outra atividade de grupo, que atuava de maneira negativa sobre algum colega? Aquele sujeito que buscava o poder diante de seus pares dando vazão às suas atitudes tirânicas, causando desavenças, dor e angústia, com o que os adolescentes de hoje chamam de "zoação". Ao revirarmos as lembranças de infância, podemos afirmar que não há campinho de futebol ou sala de aula em que não apareça alguém com esse perfil perverso.

A sociedade avançou tecnologicamente, temos hoje a internet, mas esse cara ainda anda por aí, com as mesmas práticas, com a mesma eficiência em torturar seus semelhantes e com novas ferramentas, de alcance inimaginável.

Uma pesquisa brasileira divulgada em 2013 mostra que "esculachar, zoar, intimidar e caçoar" são verbos do cotidiano de nossos filhos. Agressões contra os colegas são admitidas por 20,8% dos estudantes. Essa dedução faz parte da Pesquisa

Nacional de Saúde do Escolar (PeNSE – uma parceria entre os Ministérios da Saúde e da Educação com o Instituto Brasileiro de Geografia e Estatística – IBGE), que ouviu cerca de 100 mil jovens de 13 a 15 anos matriculados no 9º ano do ensino fundamental em escolas de todo o país. O estudo também revela que 35,4% dos alunos confirmam ter sofrido agressões, foram humilhados ou hostilizados pelos colegas nos 30 dias que antecederam a pesquisa, feita entre abril e setembro de 2012. Nesse cenário 7,2% disseram que a prática é frequente e 28,2% afirmaram que ocorre raramente ou às vezes. Uma pesquisa semelhante realizada em 2010, com alunos de escolas públicas e particulares, revelou que as humilhações típicas do bullying são comuns entre alunos do 6º e 7º anos. As três cidades brasileiras apontadas com maior incidência dessa prática são: Brasília, Belo Horizonte e Curitiba.

Cyberbullying – a intimidação e a violência na internet

Como quase tudo da vida real, o bullying ganhou o mundo virtual, com requintes em relação ao que já era conhecido nessa prática condenável, pois expõe a vítima na internet numa escala inimaginável. No ano de 2012, a agência internacional de notícias Reuters revelou que mais de 10% dos pais ao redor do mundo afirmaram que seus filhos sofreram bullying na internet e quase um quarto deles conhece um jovem que já foi vítima das intimidações na web.

A pesquisa on-line, que contou com mais de 18 mil adultos em 24 países, dos quais 6.500 eram pais, mostrou que o veículo mais utilizado para o cyberbullying são sites de redes sociais como o Facebook, citado por 60% das pessoas. Aparelhos móveis e salas de bate-papo na internet ficaram em segundo e terceiro lugares na pesquisa, sendo que cada um deles foi citado por 40% das pessoas.

Em um outro estudo, realizado em 2011 por cientistas da Universidade de Anglia Ruskin, na Grã-Bretanha, concluiu-se que o cyberbullying atinge 17% das crianças e jovens com idades entre 11 e 19 anos no país. Das 247 garotas questionadas pela equipe de acadêmicos, 60 (24%) disseram ter sido vítimas de cyberbullying. Entre os meninos, 27 (10%) revelaram sofrer do mesmo abuso. Do total de entrevistados, 66% admitiram ter sentido o problema na pele ou testemunhado alguém próximo sendo agredido via internet.

Columbine: a internet já dava pistas do massacre

Exemplos práticos de bullying não faltam, alguns com repercussão na imprensa devido às tragédias que provocaram. Os Estados Unidos passam por uma verdadeira epidemia de tiroteios em escolas, sendo que boa parte deles teve origem em algum bullying anterior sofrido pelo elemento agressor, que, na realidade, também pode ser considerado vítima.

Vamos relembrar o massacre de Columbine, ocorrido em 20 de abril de 1999, faltando apenas 17 dias para o fim do ano letivo e já incorporando ações em que se utilizam a internet, essa heroína e vilã de nosso tempo.

Seria um dia qualquer, não fosse a loucura dos estudantes Eric Harris, apelidado ReB (18 anos), e Dylan Klebold, apelidado VoDkA (17), que atiraram em vários colegas e professores.

Eram dois adolescentes típicos da classe média alta norte-americana, filhos de pais com curso superior, que moravam em casas confortáveis e estudavam numa escola excelente, com mais de 80% de seus alunos aceitos em universidades. Columbine privilegiava alunos esportistas, principalmente atletas jogadores de futebol e basquete.

Pelo fato de preferir computadores a esportes, Eric e Dylan sofriam bullying dos atletas. Embora fossem bons alunos, não eram populares na escola. Preteridos nos grupos dos desportistas, eles tinham sua turma num site intitulado "Máfia da Capa Preta", que cultuava os nazistas e ensinava a fazer bombas. A partir de suas publicações na internet e nos jornais, a polícia conseguiu traçar seus perfis: os dois não se importavam em matar e morrer. Um deles sedento de poder e o outro profundamente depressivo, fatores decisivos que uniram os amigos num tiroteio que matou 13 pessoas e deixou outras 21 feridas.

Eric e Dylan, para não darem o braço a torcer aos valentões do bullying, pateticamente deixaram uma nota ao lado dos cadáveres: "Não culpem mais ninguém por nossos atos. É assim que queremos partir". Dessa maneira, na cabeça dos dois jovens elevados à condição de assassinos, o longo histórico de seus fracassos, sofrimentos psicológicos e físicos estava resolvido com um ato "notável" de coragem e com ampla cobertura da mídia. Uma lógica típica e doentia de pessoas atingidas em seus mais profundos sentimentos.

A loucura se repete no Brasil e também pela internet

Em tempos de internet, o bullying ignora fronteiras, assim como suas vítimas e executores. Em 7 de abril de 2011 aconteceu o que ficou conhecido como o Massacre de Realengo, o frio assassinato em massa ocorrido por volta das 8h30 da manhã numa escola municipal do Rio de Janeiro. O jovem Wellington Menezes de Oliveira, de 23 anos, invadiu a escola armado com dois revólveres e começou a disparar contra os alunos, matando doze deles e depois se matando. Motivo provável do crime: bullying.

Na carta do suicida, em testemunhos da irmã adotiva e de um colega próximo, a polícia verificou que o atirador era reservado, sofria bullying e pesquisava muito na internet sobre assuntos ligados a atentados terroristas e religiões fundamentalistas.

Em entrevista, a família confirmou que Wellington só se relacionava com as pessoas pela internet, tinha poucos amigos e não participava da vida familiar, passando quase todo o tempo diante do computador. Em uma carta, o rapaz se refere ao bullying sofrido na escola: "Muitas vezes aconteceu comigo de ser agredido por um grupo e todos os que estavam por perto debochavam, se divertiam com as humilhações que eu sofria, sem se importar com meus sentimentos".

Conforme um ex-colega, o bullying chegava a agressões físicas: "No colégio pegaram Wellington de cabeça para baixo, botaram dentro da privada e deram descarga. Algumas pessoas instigavam as meninas: 'Vai lá, mexe com ele'. Ou até incentivo delas mesmo: 'Vamos brincar com ele, vamos sacanear'. As meninas passavam a mão nele...". Introspectivo, sem dividir seus problemas com ninguém, Wellington simplesmente explodiu em fúria, para a tristeza de uma nação inteira.

O bullying e a violência moral contra adolescentes

Citamos aqui casos já conhecidos e de extrema violência, mas temos exemplos que, embora não tenham caminhado para ações tão danosas para a comunidade, produziram enorme violência moral em suas vítimas. Mostrarei, para começar, um caso que aconteceu numa grande universidade do Paraná.

Três adolescentes ingressaram na faculdade e, por causa de atitudes julgadas esnobes pelo resto da turma, passaram a sofrer bullying. Filhas de famílias de alto poder aquisitivo, elas começaram a fazer os trabalhos em grupo e de certa forma se afastaram dos outros colegas. Rapidamente, os comentários maldosos nas redes sociais começaram a proliferar. Até que a situação avançou para o bullying explícito, com a criação de uma página anônima somente com situações envolvendo as três amigas. Piadas de mau gosto eram a tônica da publicação. Os comentários eram replicados nas redes sociais, e as meninas ficaram sabendo que um colega de turma era o autor e criador da página.

Ao ser descoberto, o aluno retirou a página do ar, mas o estrago já estava feito. Inexplicavelmente, as amigas não denunciaram o bullying sofrido para a coordenação ou direção da faculdade e abandonaram o curso.

Com o mesmo espírito de suposta gozação, também temos notícias de vários casos, geralmente envolvendo meninas, em que o cyberbullying termina em agressão física mútua. A história começa com alguma disputa entre duas alunas, seja por popularidade ou por causa de um namorado. Por meio das redes sociais começam as fofocas e a troca de insultos, até a briga acontecer no "face to face". Nesses casos, a internet é apenas um veículo para ativar essa disputa, que sempre aconteceu em ambiente escolar, mas com grande exposição pública.

Quando o cyberbullying chega ao extremo

Acompanho os casos de crimes cometidos na internet e observo que, estatisticamente, eles crescem no mundo inteiro e ganham novos tons de perversidade, como a história que causou uma onda de indignação no Canadá.

Em 4 de março de 2013, Rehtaeh Parsons, 17 anos, que vivia em Cole Harbour, a cerca de 1.800 km de Toronto, tentou se suicidar depois que uma foto em que sofria abuso sexual coletivo foi publicada na internet. Ela ficou em coma devido aos ferimentos causados pela tentativa de suicídio, levando seus pais à decisão de desligar os aparelhos que a mantinham viva.

A família Parsons denunciou que a jovem foi estuprada quando tinha 15 anos por um grupo de quatro jovens, durante uma festa. Em três dias as imagens se tornaram públicas entre seus colegas da escola. Rehtaeh sofreu um constante assédio cibernético, desde proposições de relações sexuais feitas por desconhecidos até insultos, o que a obrigou a mudar de colégio e a levou a uma profunda depressão.

"Rehtaeh nos deixou porque quatro garotos acharam que estuprar uma menina de 15 anos não teria problema e distribuir uma foto que arruinou seu espírito e reputação seria divertido", escreveu a mãe da garota em sua página do Facebook.

A polícia do Canadá prendeu, em 8 de agosto de 2013, dois jovens de 18 anos que supostamente estariam relacionados à morte de Rehtaeh. Na época, os acusados não foram identificados, pois eram menores de idade e a polícia alegava falta de provas. Eles respondem na Justiça pela produção e distribuição de cenas pornográficas envolvendo uma menor de idade, mas não pelo suposto estupro.

O governo canadense decidiu revisar o caso de Rehtaeh depois de receber novas pistas através de uma fonte anônima e mudou os rumos da investigação. Uma análise das autoridades concluiu que a Junta Escolar regional de Halifax poderia ter agido com mais rigor para prevenir a tragédia, mas o fato de que Rehtaeh constantemente faltava às aulas teria impedido um acompanhamento mais próximo do que acontecia com a menina. O relatório afirma ainda que a família da adolescente teve dificuldades para conseguir ajuda do sistema de saúde mental da Nova Escócia.

O caso lembra a morte de Amanda Todd, uma jovem que se suicidou em outubro de 2012, aos 15 anos de idade, em sua casa em Port Coquitlam, Colúmbia Britânica, Canadá, após ser acossada durante anos pela internet.

Uma página do Facebook foi criada para expor a foto da menina de topless e a imagem foi distribuída para seus colegas de escola. Amanda mudou de casa e de escola, mas o assédio continuou pela internet.

O caso de Amanda foi especialmente estarrecedor porque, um mês antes de seu suicídio, a jovem postou no YouTube um vídeo de 9 minutos intitulado "Minha história: luta, assédio, suicídio, automutilação", no qual, sem pronunciar uma só palavra, só mostrando frases em cartões, ela descreveu sua angústia e pediu ajuda.

O caso de Amanda Todd começou quando a garota tinha 12 anos de idade, ao se relacionar com um desconhecido por meio da internet. O homem acabou chantageando a jovem e distribuiu fotos eróticas de Amanda entre amigos e parentes.

Durante três anos, o desconhecido fez um ataque sistemático contra Amanda através do Facebook, que foi seguido por dezenas de pessoas, as quais também aproveitaram para acossar a jovem canadense, sem que as autoridades fizessem algo para deter as ações.

Boa parte dos países ainda se debate com a criação de uma legislação para coibir esse tipo de crime. As prisões do caso Rehtaeh Parsons aconteceram um dia depois da entrada em vigor de uma lei na Nova Escócia, inédita no país, que permite que as famílias entrem com processos na Justiça caso seus filhos sofram abusos na internet. A legislação foi introduzida pelo ministro da Justiça Ross Landry, poucas semanas depois da morte de Rehtaeh. A lei prevê ainda que qualquer vítima pode solicitar uma ordem de restrição contra seus agressores. Casos de bullying virtual podem ser punidos com até seis anos de prisão ou multas de cerca de US$ 5 mil.

A comunidade escolar no combate ao cyberbullying

O caso específico de Columbine, devido à violência e repercussão mundial, transformou-se no paradigma de todos os casos subsequentes e alertou pais e escolas do mundo todo para o problema.

No que se refere à escola, ambiente em que se desenvolveram as ações de bullying em Columbine, determinou-se outro modo de encarar o problema e buscar soluções, principalmente no que diz respeito ao monitoramento do comportamento do educando e à educação para o não-bullying.

As escolas norte-americanas levaram para a sala de aula e toda a comunidade essa nova discussão, por meio de campanhas educativas e também da vigilância constante dos hábitos de seus alunos, utilizando, para isso, acompanhamento e orientação de profissionais.

Em todos os casos mostrados, principalmente o brasileiro, nota-se o descaso dos envolvidos em relação aos hábitos dos causadores das tragédias. Os sinais do desajuste social de Wellington, por exemplo, ficaram evidentes num bullying de extrema violência e que teve seus efeitos também calcados na extrema violência contra inocentes. Pergunto: por que não se atuou antes, já que esses sinais eram tão evidentes? A resposta parece-me até simples demais: porque ninguém esperava que "inocentes brincadeiras", tão comuns até aquela época nas escolas, fossem desencadear fatos inimagináveis, inéditos e de violência brutal e inexplicável.

O uso da internet, a princípio ferramenta facilitadora dos criminosos, foi determinante nos desdobramentos dos crimes. No caso norte-americano, para estabelecer a ligação entre os dois jovens e o desenvolvimento do plano, e, no caso brasileiro, para que o indivíduo encontrasse a justificativa e até mesmo cumplicidade naquilo que já estava planejado.

Nos outros casos que apresentei, principalmente no de Rehtaeh Parsons, notamos o esforço dos legisladores para coibir o cyberbullying com penas severas para os criminosos. Como veremos adiante, o Brasil também se esforça no sentido de estabelecer uma legislação contra os crimes virtuais. Entretanto, creio que há muitos vácuos na legislação a serem preenchidos com leis que realmente alcancem e punam exemplarmente os criminosos.

É fato que estamos aprendendo pelo método dolorido, o pior dos métodos. Assim, observo que as escolas brasileiras, a exemplo das norte-americanas, estão mais atentas ao bullying, ao alertarem a comunidade escolar dos danos provocados por essa prática tão antiga e que evolui hoje ao ganhar o ambiente virtual. É evidente que essa conscientização é apenas um passo dos muitos que as escolas e as famílias deverão dar daqui em diante em vigilância constante, tal é a escala que o cyberbullying está alcançando com a difusão das redes sociais e novas tecnologias de comunicação instantânea.

Sob o ponto de vista da minha experiência profissional, acrescento algumas atitudes que podem ser tomadas para evitar o cyberbullying e que devem ser combinadas com outras providências que sugiro no capítulo final deste livro:

- Os pais e a escola devem ficar atentos a qualquer mudança de comportamento de seus filhos e educandos.

- A escola deve tomar providências imediatas ao menor sinal de bullying entre os alunos e não menosprezar nenhum sinal dele. Em todo caso de bullying os pais devem ser informados para que se estabeleça uma linha de colaboração entre as partes envolvidas: a família do aluno que sofre o bullying e a do colega que o pratica. As campanhas contra o bullying devem ser constantes por parte da escola.
- Os pais devem observar o comportamento de seus filhos no uso do computador. Verificar o excesso de tempo de uso do equipamento e com quem se relacionam seus filhos nas redes.
- Os pais devem conversar constantemente com os filhos e manter contato com a escola já aos primeiros sinais de alguma mudança nos hábitos da criança ou adolescente. Não devem ter receio em pedir ajuda profissional para verificar a magnitude do problema e encontrar soluções para resolvê-lo.
- A internet oferece softwares para o monitoramento de seu filho. Encontre-os com ajuda do Google, com palavras-chave como: "softwares para monitoramento on-line, softwares de controle dos filhos na internet, programa gratuito para controlar filho na internet".

Parte 2

A pornografia na internet

A exposição de adultos e crianças em cenas de nudez e sexo como forma de ganhar dinheiro com o cybercrime

Sexting – mensagens e imagens sensuais na web

O sexting é resultado da união de duas palavras em inglês: *sex* (sexo) e *texting* (envio de mensagens). Por definição, o sexting seria a prática em que adolescentes usam seus celulares, câmeras fotográficas, e-mail, chats, mensagens instantâneas e redes sociais para produzir e enviar fotos sensuais de seu corpo nu ou em trajes íntimos. Também se enquadram nesse conceito os textos eróticos (em dispositivos móveis ou internet) com convites e insinuações sexuais para namorado(a), pretendentes ou amigos(as).

A rigor, o sexting não consiste num crime em si, mas certamente é uma grande porta que os usuários da internet deixam aberta para que criminosos possam agir de imediato ou mais tarde.

Ao observarmos essa nova tendência dos adolescentes na internet, podemos verificar que, além de uma boa dose de insensatez, esses jovens se julgam fora dos seus grupos de amigos por não se lançarem na prática de divulgar as próprias imagens na web. Por essa razão se deixam levar pelas pressões para publicar e compartilhar suas intimidades. Muito preocupados com o agora, os adolescentes ainda não têm formada a noção de continuidade da vida e de que, muitas vezes, os atos impensados de hoje podem causar grandes problemas futuros, mesmo que no agora estejam num contexto lúdico, de brincadeiras entre colegas.

Uma vez produzidas e divulgadas, as mensagens e imagens não estão mais no controle de quem as produziu ou divulgou.

Elas ganharão eternidade na rede e mais dia menos dia vão aparecer novamente. Então, podem surgir de imediato, ou em um futuro distante, nas mãos de amigos, colegas de trabalho, da nova família que foi constituída. Por outro lado, essas mensagens e imagens também podem ser acessadas por inimigos futuros ou marginais, que, depois de copiarem ou até manipularem o que foi divulgado na internet, usam o material para obter vantagens ou chantagear.

Pornografia infantil, um velho crime numa nova mídia

Verifiquemos como as imagens, a princípio "inocentes", podem ser usadas para prejudicar as pessoas. Antes esclareço que não é objetivo deste livro fazer análises sociológicas e psicológicas de hábitos que observamos envolvendo adultos, crianças e adolescentes no que diz respeito ao sexo. No entanto, podemos concluir que algo vai muito errado com o indivíduo que precisa se satisfazer sexualmente por meio de imagens de crianças ou adolescentes, e mais errado ainda com os que buscam lucros explorando desvios comportamentais do ser humano. Portanto, vamos admitir apenas que esses problemas existem e devem ser combatidos pela sociedade.

É fato que os pedófilos estão proliferando pela internet à medida que crianças e adolescentes aparecem cada vez mais conectados às redes sociais. Isso porque, entre suas inúmeras qualidades e enormes defeitos, a internet veio somar-se a antigos veículos de comunicação: os impressos, cinema e TV, absorvendo suas linguagens com sensíveis contribuições na técnica de elaboração e difusão dessas antigas mídias.

Quanto à criação e produção, os filmes e fotos de sexo envolvendo crianças ainda se prendem às técnicas próprias dessas velhas mídias, mas quando somadas ao veículo internet tudo muda. O primeiro fator introduzido pela internet é o anonimato, porque sem uma investigação profunda é difícil saber quem produz ou distribui esses conteúdos criminosos na rede.

É importante salientar que o crime de utilizar crianças em situações libidinosas ou de sexo explícito é antigo e vem desde que o homem conseguiu se expressar em imagens, mas os meios eletrônicos de que ele se utiliza para isso são novos. Portanto, para o combate a esse crime tipificado em nosso Código Penal e especificamente no Estatuto da Criança e do Adolescente também temos que lançar mão de novas técnicas, apoiadas na própria internet.

Em maio de 2013, a Polícia Federal de Porto Alegre deflagrou a operação "Protege", com seis mandados de busca, apreensão de computadores e outros dispositivos supostamente usados nos crimes, nas cidades de Porto Alegre, Canoas, Esteio e Alvorada.

Trago essa ação da Polícia Federal para nossa análise porque ela nos parece exemplar no que diz respeito ao início das denúncias que provocaram a investigação – os próprios provedores da internet e as vítimas. Os provedores porque eles podem ser enquadrados como cúmplices do crime ao se manterem calados e garantir dessa maneira o anonimato dos criminosos; as vítimas, porque elas são o objeto da exposição vexatória que lhes causa uma infinidade de problemas, conforme veremos mais adiante.

Imagens "esquecidas" são usadas por criminosos

No caso específico da ação policial em Porto Alegre, notamos um modo de operação comum em crimes sexuais semelhantes no mundo todo: terceiros se apropriando da imagem do menor. Imagem produzida em ambiente aparentemente privado, como na prática do sexting, mas que encontrou caminhos para se tornar pública, e de uma forma rápida e incontrolável.

"O peixe cai na rede e imediatamente é pescado e por uma infinidade de pescadores ao mesmo tempo". Uma frase de efeito, impossível de ser concebida há vinte anos, porque o senso comum nos diz que um peixe não pode ser pescado por inúmeros pescadores ao mesmo tempo, fato que hoje é a mais pura verdade no mundo virtual. As redes de computadores se intercomunicam na velocidade da luz por meio da internet.

Geralmente, as imagens na rede são expostas com fins específicos por quem fez a sua postagem ou arquivamento; são imagens que chamo de consentidas (as de sexting, por exemplo). A princípio, elas cumprem um propósito determinado por quem produziu o material e são endereçadas a uma pessoa ou grupo de pessoas que se interessam pela mensagem ou imagem, assim como ordinariamente se faz com fotos de uma festa de aniversário, um encontro de amigos, festas empresariais ou um simples registro de férias, e que ficam arquivadas em *locus* (endereços) específicos do nosso próprio computador, dispositivos móveis (celulares e similares) que achamos seguros e também na web – sistema de interligação de documentos e recursos através da internet.

Infelizmente, temos a tendência de julgar, em relação ao arquivamento de dados eletrônicos, que esse é um processo totalmente seguro. E posso opinar categoricamente que nada é seguro em se tratando de redes que se comunicam continuamente, porque a própria dinâmica de comunicação pela web nos exige certo grau de exposição pública.

Mesmo os dados que não são públicos ficam de certa maneira "disponíveis" para quem estiver mal intencionado. Hoje, da mesma forma que se rouba um objeto material, um carro, por exemplo, informações preciosas podem ser roubadas – para isso basta que essas informações estejam digitalizadas em alguma máquina ou dispositivo eletrônico.

Outro ponto sensível é o telefone celular. Ele é utilizado para fazer fotos e filmes que acabam ficando esquecidos, até o dia em que o aparelho é extraviado, roubado ou vai parar em mãos erradas.

Foi o que aconteceu com o ex-vereador de uma pequena cidade do interior. De acordo com o que foi noticiado pela imprensa, ele teve seu celular roubado e o aparelho armazenava fotos íntimas suas. Apenas dois dias depois, o ex-vereador percebeu que uma dessas fotos estava circulando na internet. A imagem foi transmitida para a internet por meio do aplicativo *WhatsApp* e se espalhou por meio de uma rede social.

Outro exemplo de "descuido" nos vem de um caso envolvendo um casal bem conhecido em um pequeno município, ela com apenas 17 anos e o rapaz maior, mas também com pouca idade. Eles tiveram o aparelho celular furtado, e todos os esforços do casal foram em vão para recuperá-lo. Pressionado pela família da moça, o rapaz apelou para que o ladrão ou ladrões devolvessem o aparelho, inclusive por meio de uma emissora de rádio.

O temor do casal ao fazer os apelos desesperados iria se confirmar uma semana depois do furto, quando os jovens se depararam com suas inúmeras filmagens de sexo explícito "bombando" nos sites pornográficos.

A Lei Carolina Dieckmann

No Brasil, temos um exemplo de crime digital que determinou a aprovação da Lei n. 12.737/2012, apelidada de Lei Carolina Dieckmann. Ela modifica nosso velho Código Penal e tipifica uma série de condutas no ambiente digital, principalmente em relação à invasão de computadores, além de estabelecer punições específicas.

Crimes semelhantes já estavam ocorrendo havia anos – e continuam ocorrendo – com pessoas comuns, causando prejuízos inimagináveis para os envolvidos. No caso de Carolina Dieckmann, ela teria mandado consertar um computador e não protegeu o que havia arquivado nele.

Na oficina, as fotos de Carolina foram copiadas. Talvez tudo tivesse ficado por ali mesmo se o autor do "roubo" (lembre-se de que até então não havia leis que tipificavam esse crime) não tivesse usado essas imagens para tentar obter vantagens por meio da chantagem, esse, sim, um crime que consta de nosso Código Penal.

Essa nova lei classifica como crime justamente casos semelhantes, em que há a invasão de computadores, tablets ou smartphones, conectados ou não à internet, "com o fim de obter, adulterar ou destruir dados ou informações". Ou seja, uma legislação que resguarda nossa intimidade, porém sem garanti-la de fato – o crime existe, mas temos que tomar cuidados para evitar a sua concretização.

Fim de relacionamento e a vingança na internet

O ciúme também é um dos motores da pornografia na internet. Namorados, namoradas, companheiros, companheiras, maridos, esposas e amigos podem ser movidos pela vingança no final de um relacionamento. Muitas vezes, esse crime necessita de premeditação. É aquela foto mais picante ou aquele filmezinho caseiro que acaba na internet e em sites pornográficos porque um dos parceiros o utiliza como instrumento de vingança.

Enquanto escrevia este livro, uma de nossas redes nacionais de televisão exibia o drama vivido por uma jovem de classe média de 17 anos. Aos 15 a moça havia iniciado um relacionamento com outro jovem, hoje com 21 anos, e fez um filme de si em que aparecia bem à vontade, trajando roupas íntimas e nua. Então, a adolescente resolveu passar o que fora filmado para o namorado como "um presente". Enquanto durou o namoro, não houve problema com essas imagens, que ficaram quase esquecidas. No entanto, bastou a moça romper o relacionamento para seu inferno pessoal começar. Inferno que atingiu também sua família.

Inconformado, o ex-namorado da moça transformou os quadros do filme em fotos e iniciou um processo de ameaças contra ela e sua família. Frustrado por não ter alcançado sua meta, que era reatar o namoro, o ex-namorado espalhou as fotos pela internet. Durante a entrevista para a TV, a moça se mostrava com vergonha do que tinha feito e por ser exposta daquela maneira. A família estava igualmente constrangida e mostrou para as câmeras algumas mensagens enviadas pelo rapaz, cheias de ameaças e palavrões. Constrangida, a moça revelou que, por causa daquilo, havia deixado a escola e não saía mais de casa.

Vou citar outro caso em que aparecem elementos de premeditação do crime. Revoltado com o término do relacionamento, um jovem publicou fotos de sua ex-namorada seminua no Facebook, com telefone e endereço como garota de programa. A vítima encontrou as fotos e procurou a polícia para registrar um boletim de ocorrência de difamação.

Segundo informações da polícia, a jovem teria 16 anos e era moradora de uma cidade do interior paulista. Ela alegou que o homem estaria tentando se vingar dela por conta do término do relacionamento, que sempre foi bastante complicado.

Ela narrou que o rapaz fez um perfil no Facebook usando o seu nome e informações pessoais, como locais em que ela trabalhou. A vítima também explicou que a foto sensual estava no computador dela junto com outras imagens feitas pelo casal, mas quando o relacionamento chegou ao fim eles apagaram todas as fotos que um tinha do outro. No entanto, uma imagem ficara com o rapaz, a que ele fez circular pela rede.

Caso Fran

Uma jovem de 19 anos, moradora de Goiânia, teve vídeos íntimos divulgados em um aplicativo de celular e nas redes sociais. O suspeito de divulgar as imagens era o ex-namorado, com quem ela teria mantido um relacionamento extraconjugal de cerca de três anos.

O caso ganhou repercussão e virou *meme* (termo usado para frases, imagens e vídeos que se disseminam na internet em várias versões, de forma viral) nas redes sociais. Em um dos vídeos, a jovem aparece fazendo um sinal de "ok". O símbolo virou piada nas redes e internautas passaram a distribuir imagens com montagens de políticos, celebridades e pessoas desconhecidas fazendo o sinal de ok. Algumas imagens teriam sido feitas antes da polêmica e não se referem ao caso.

De acordo com a delegada Ana Elisa Gomes Martins, da Delegacia Especializada de Atendimento à Mulher (DEAM), o crime é caracterizado como difamação com base na Lei Maria da Penha, porque existiu uma relação de afeto entre vítima e autor. Se for condenado, o suspeito pode pegar pena de 3 meses a 1 ano.

Apoiadores da garota chegaram a criar uma página no Facebook, intitulada "Apoio a Fran". Segundo os criadores da página, o objetivo é mostrar à jovem que há pessoas que estão ao seu lado.

"Fran, seja guerreira, menina, pois sabemos que disso tudo você é a vítima, por ter acreditado no amor, amor esse que vemos menos a cada dia. Todos sabem que a relação íntima de um casal diz respeito ao casal e a mais ninguém e infelizmente você encontrou um covarde e não um homem de verdade. Mas a justiça sempre chega!!! E fizemos esta página para mostrar que estamos do seu lado e para que você não se deixe abater por falsos moralistas e hipócritas que estão usando do desrespeito para aparecer. Força, menina guerreira, porque todos podem conhecer seu corpo, mas ninguém conhece seu coração", diz o post de apresentação do grupo.

Observe que temos, nesses casos, a ação de pessoas comuns movidas pelo espírito de vingança. A princípio, não são criminosas, mas são levadas ao crime por encontrar oportunidades para se vingar daqueles com quem, em dado momento, compartilharam intimidades. E, novamente, sem questionar os fatores psicológicos que determinam tais comportamentos, os fatos relatados por vítimas desse tipo de crime aconselham a não confiar com tanta intensidade assim nas pessoas, mesmo aquelas muito próximas e que gozam de nossa intimidade.

Hoje, mais do que em outro tempo, infelizmente somos obrigados a ficar com o pé atrás quando o assunto se refere a produzir materiais que possam vir a nos prejudicar no futuro. Um assunto muito difícil, mas que deve ser discutido entre casais, não só em razão dos perigos óbvios, mas principalmente por causa das armadilhas encontradas na web.

Métodos dos pedófilos para atrair crianças na web

Tratamos até aqui de problemas envolvendo jovens e adultos na internet, mas agora vamos tratar das crianças e dos adolescentes nos casos de pedofilia na internet. Uma maneira encontrada pelos pedófilos para obter imagens de suas vítimas é criando perfis falsos nas redes sociais. Esses perfis podem, a princípio, se apresentar de duas maneiras: como pessoas famosas ou como um personagem criado somente para o crime a ser praticado.

Ao se utilizar de perfil falso de pessoa famosa – ídolos da música, TV ou cinema –, o criminoso tem por objetivo acessar "grupos de interesse" que estão na rede da criança que o convidou para fazer parte de seu círculo de amigos. Uma vez aceito como participante daquela rede, o pedófilo passa a fazer buscas de imagens que apresentem a criança em poses sensuais, em casa, na praia ou na piscina. Essas imagens serão roubadas, compartilhadas e vendidas no mercado dos cyberpedófilos sem nem mesmo a criança ou seus pais ficarem sabendo num primeiro momento. Note que nesse tipo de crime não há uma relação em que o pedófilo lance mão de diálogos com a vítima, ele apenas aproveita o que está "pronto" nos arquivos da criança e de sua rede de amigos.

Já no caso do perfil falso em que o pedófilo se utiliza de uma personagem comum, ele necessariamente vai atrair a criança criando afinidades, por meio de grupos de interesse, criando páginas de fãs deste ou daquele artista, deste ou daquele jogo, enfim, de coisas que se colocam como moda entre as crianças.

O pedófilo sempre terá um "doce" para oferecer à vítima e dessa forma esconder suas verdadeiras intenções.

Entre os casos que conheço, posso citar o de Tânia (nome fictício), estudante do primeiro ano do Ensino Médio. Embora tendo apenas 15 anos, titular dos times de vôlei e basquete da escola, Tânia era muito desenvolvida fisicamente para a sua idade. Participante ativa das redes sociais, ela compartilhava todas as suas fotos de jogos e treinos com suas amigas, a maior parte colegas dos times em que jogava.

Num final de campeonato estudantil, Tânia e outras meninas foram fotografadas descontraídas comemorando o título no vestiário. As fotos foram feitas por elas usando o telefone celular e imediatamente começaram a ser postadas na rede, na ilusão de que as imagens ficariam restritas ao grupo de alunas do colégio.

Quando fui procurado pela mãe desesperada de uma participante do time, as fotos da filha e de suas amigas já haviam ganhado o mundo por meio de sites comuns e de pornografia. Ao pesquisar, verifiquei que Tânia e suas amigas participavam de vários grupos de afinidades, principalmente páginas ligadas aos esportes que praticavam.

Concluí que as fotos, que eram mais de vinte, junto com um vídeo, foram interceptadas por algum membro desses grupos que tinha acesso às postagens das meninas e que, certamente, também fazia parte de alguma rede internacional de pornografia infantil, um universo que colocava como suspeitos pelo menos 3 mil pessoas. Por meio de rastreamento e técnicas de perícia forense, consegui identificar o suspeito, que passou a responder a processo civil e penal.

Situação semelhante se deu com um grupo composto por meninas que tinham idades entre 12 e 14 anos, matriculadas na mesma escola, todas disputando uma espécie de jogo de popularidade nas redes sociais. A "brincadeira" inventada por elas consistia em publicar fotos ou produzir vídeos em situações em que exploravam a sensualidade, por meio de fantasias, embaladas por músicas de apelo sexual.

Essas fotos e principalmente os vídeos estão espalhados pela internet e perseguem essas meninas desde a época em que foram feitas até hoje, quando já estão para ingressar na faculdade.

Outra modalidade recente de crime nas redes sociais é praticada pelo pedófilo que se aproveita da ingenuidade dos próprios pais das crianças, ao criarem páginas aparentemente inocentes que exploram pequenas vaidades como, por exemplo, exposição de fotos de seus filhos para futuros contratos de publicidade – uma reedição dos antigos *books* de fotografia. Nessa armadilha, os pedófilos se apresentam como agentes de grandes agências e mostram crianças famosas que supostamente foram descobertas por eles.

A partir da proximidade com a criança, passam a induzi-la a fazer fotos sem roupa ou sensuais ou eles mesmos o fazem, sem o consentimento da pessoa. Uma vez obtido o registro, as imagens passam a ser distribuídas de diversas formas, inclusive pela internet.

Parte 3

A sextorsão
Crianças e pais nas mãos de chantagistas virtuais

A indústria da pornografia e a sextorsão

Não pense que os cybercrimes podem atingir somente gente famosa ou pessoas ricas. A situação é igualmente grave para pessoas comuns e, principalmente, quando atinge a intimidade de menores e descamba para outro tipo de crime que chamamos de pornografia infantil.

No caso da pornografia, os criminosos atuam com propósitos definidos na obtenção de lucros e vão muito além do simples roubo das imagens, por meio da invasão dos computadores ou interceptação no tráfego da internet. Como envolvem menores, geralmente os criminosos exploram todas as fragilidades da criança ou adolescente que produz ou produziu material pornográfico ou os induzem a produzi-lo.

Esse problema se agrava quando passa a envolver, além de sexo, a extorsão – a sextorsão. É quando os pedófilos, geralmente reunidos em redes internacionais, atraem menores e passam a forçá-los a se exibirem por fotografias ou filmes em cenas cada vez mais pesadas. O modo de operação desses pedófilos já é bem conhecido dos investigadores. Ele pode começar com uma primeira exposição da criança em salas de bate-papo ou redes sociais. A partir dessa primeira exposição, com consequente contato direto, os pedófilos coagem o menor a se expor progressivamente. Dessa maneira, as imagens passam a ter valor de mercadoria e são negociadas e compartilhadas pelos criminosos em várias partes do mundo. Uma operação da Interpol, em 2013, prendeu 244 pedófilos nos Estados Unidos e outros 11 no Brasil, Canadá, Israel, México, Filipinas,

Cingapura, Coreia do Sul e Tailândia. A polícia identificou 61 vítimas nessa modalidade de crime, que é a que mais aumenta na internet em relação à pornografia infantil.

As histórias que conhecemos sobre esse assunto são várias e com consequências inimagináveis para as vítimas. Citarei algumas, todas com nomes fictícios, apenas me detendo ao contexto e ao modo de execução do crime.

O chantagista se aproveita dos descuidos da vítima

O primeiro desses casos de sextorsão é bem simples do ponto de vista operacional e, o que é pior, muito comum.

Amanda, boa aluna e de família de classe média, aos 11 anos participou de uma festa de aniversário na casa de uma amiga e lá foi fotografada consumindo bebidas alcoólicas. Filha de pais amorosos, porém rígidos, profundamente interessados em sua boa educação, Amanda inicialmente não se deu conta de que aquele pequeno deslize a colocaria, junto com a família, num pesadelo sem fim.

Algumas semanas depois, a estudante começou a receber e-mails de um "colega de classe" que supostamente estaria com as fotos "comprometedoras". Nesses e-mails, o "colega" pedia para encontrar-se com ela para entregar as fotos, caso contrário, elas seriam enviadas a seus pais.

No começo, Amanda tentou se livrar do problema ignorando os e-mails, que eram cada vez mais frequentes e ameaçadores. Com medo, ela ficou muito preocupada e imediatamente seu comportamento mudou, o que foi notado principalmente por sua mãe, mas ela não revelou que estava sendo vítima de chantagem.

O passo seguinte do chantagista foi conseguir estabelecer comunicação com Amanda por meio de um chat com transmissão direta por câmeras e exigir dela imagens íntimas. Pressionada, Amanda cedeu, mas não levou em conta que, do outro lado, o chantagista gravava tudo.

Como a garota se negava veementemente ao encontro com o "colega", por sua própria conta ela deu o caso por encerrado. Outra ingenuidade, pois o chantagista se utilizou de um e-mail falso e fez circular no colégio não só as imagens dela bebendo, como também o filme com as cenas íntimas.

De imediato, as imagens se espalharam e saíram do circuito dos alunos para ganhar espaço em sites especializados em pornografia infantil. Resultado: Amanda saiu do colégio, mudou-se para outra cidade, e o chantagista, que acabou sendo identificado, está sendo processado, mas, para desespero dos pais e familiares, as imagens continuam circulando pela internet, porque nesse universo sempre vai haver alguém que faz uma cópia do que é publicado e distribui ou vende o conteúdo para sites pornográficos internacionais de difícil localização.

Relações sexuais com menor e a chantagem

Trago para este livro algumas histórias acontecidas em outros países, mas que se repetem no mundo todo, posto que a sextorsão é uma verdadeira pandemia na internet. Esses exemplos nos dão a chance de demonstrar como funciona a lógica dos marginais, que se copiam de país para país.

Na Inglaterra, um homem foi preso depois de chantagear uma menina de 16 anos, ameaçando publicar no Facebook um vídeo em que eles apareciam fazendo sexo. Tudo foi muito rápido, porque poucos minutos depois de deixá-la em casa após um encontro, o rapaz de 22 anos deu início à extorsão.

A menina entregou ao rapaz uma quantidade de joias de valor equivalente a mais de R$ 50 mil. Entre as peças – que ela jogou pela janela enquanto o homem esperava do lado de fora da casa – havia itens de herança como anéis, pulseiras e correntes.

Segundo reportagem do jornal *The Sun*, a adolescente, uma muçulmana, chegou a considerar fugir de casa ou cometer suicídio por ter envergonhado a família.

Mas a chantagem guarda em si o espírito do crime prolongado ou continuado. Dias depois do episódio, ele pediu mais bens de valor à menina, alegando que metade do que ela havia lhe dado era falso. Quando ela argumentou que ele já tinha recebido tudo, o rapaz continuou a lhe pedir mais dinheiro.

Alguns dias depois, a irmã mais velha acabou encontrando mensagens de ameaça do chantagista no celular da vítima. Preso, o homem admitiu à Justiça a chantagem e foi condenado a três anos e sete meses de prisão.

O blefe como arma dos chantageadores

Os crimes cibernéticos podem partir de fatos reais ou blefes – historinhas inventadas dentro de uma trama aparentemente verdadeira. Esse é outro tipo de crime que está crescendo bastante na internet e tenho tratado de alguns casos com chantagens bem parecidas.

No Paraná, a polícia prendeu um hacker de 20 anos acusado de ter estuprado uma jovem de 18 anos. Para atrair a vítima, o rapaz a chantageou, dizendo que havia conseguido um vídeo em que ela aparecia nua. De acordo com o noticiário local, a Delegacia da Mulher informou que, em depoimento, o acusado disse que já havia tentado aliciar outras meninas.

O rapaz, morador de um edifício residencial de alto padrão, teria invadido o programa de troca de mensagens instantâneas – Messenger (MSN) – da vítima e disse que havia conseguido um vídeo em que ela estava nua. Ele afirmou que colocaria a gravação na internet caso ela não fizesse tudo o que ele mandasse.

Para dar mais veracidade ao golpe, o rapaz se passou por uma amiga da moça, de quem havia roubado a senha do Messenger. O acusado também usou uma sala de bate-papo para convencê-la de que o suposto vídeo realmente existia. Para isso, ele se passou por outras pessoas, insinuando que um hacker havia feito uma varredura no computador da menina e que tinha encontrado um vírus que permitia gravar imagens da webcam da vítima.

Apavorada, a jovem resolveu se encontrar com uma suposta terceira pessoa que estaria disposta a ajudá-la e impedir a divulgação da gravação. Numa praça central da cidade, ela se encontrou com um rapaz que se apresentou como Ricardo. Na conversa inicial, ele a informou de que estava armado. Logo, o tal Ricardo explicou à vítima sua suposta situação, dizendo que o hacker tinha uma dívida com ele e que costumava pagar o que devia cedendo prostitutas. Na verdade, segundo apurou a polícia, Ricardo era o próprio chantagista.

A menina foi levada a um apartamento perto de onde estavam, onde foi estuprada. Um adolescente presenciou toda a violência sexual sofrida pela vítima. "A garota ficou bastante traumatizada. Ela, aparentemente, era uma garota ingênua", contou a delegada que cuidou do caso.

Criminosos usam diversas identidades para seus golpes

No final de 2012, a polícia do Rio de Janeiro pediu a prisão de um jovem que tinha várias identidades na internet, desde modelo até astro da música. De acordo com os investigadores,

O acusado entrava em redes sociais e convencia menores de idade a enviar fotos sensuais. Depois ele ameaçava divulgá-las e pedia mais fotos e vídeos das crianças sem roupa.

A polícia apreendeu os computadores usados pelo suspeito e teve acesso às trocas de mensagens com as vítimas. Em depoimento, a mãe de uma das vítimas diz que a filha começou a ser assediada em um bate-papo na internet. Segundo o depoimento, cada vez mais ele queria que ela se expusesse. Cada dia era com um tipo de roupa, até que ela ficasse sem nenhum traje. Caso a menina não fizesse o que ele queria, o acusado ameaçava colocar fotos dela na internet.

A polícia verificou que o suspeito assumia diferentes identidades e já havia se passado por modelo internacional e até por um dos integrantes de uma banda adolescente de rock. Em seus golpes, ele também se utilizava do artifício de se passar por menino ou menina.

Os agentes tiveram acesso a centenas de e-mails de Guilherme com várias vítimas. Em um deles, o acusado exigia fotos de uma menina nua e em situações de intimidade. Segundo os agentes, durante as investigações, o jovem se mudou para a Califórnia, nos Estados Unidos, de onde entraria em contato com novas vítimas pela internet. A Interpol foi acionada.

Em uma rede social, o acusado aparece em Las Vegas com amigos durante um Réveillon. Outras dez vítimas, todas menores de idade, foram identificadas pelos agentes. Enquanto isso, famílias de jovens assediadas ainda sofrem com o trauma das ameaças.

Uma condenação exemplar nos Estados Unidos

Um cybercrime apresenta algumas dificuldades para ser resolvido porque sempre se utiliza de novas tecnologias e se renova todos os dias em sua execução. Assim, tendo em vista essa característica de "renovação" constante, numa cadeia em que o crime antigo deriva sempre para um crime novo, as autoridades e investigadores têm de se aprimorar até no desenvolvimento de software para resolver os crimes e punir os criminosos.

Por suas particularidades, principalmente na utilização de meios eletrônicos para a difusão de mensagens, há de se fazer um rastreamento minucioso para se chegar ao culpado, e, nesse processo, muitas vezes lento, os investigadores ficam submetidos à enorme pressão da opinião pública. É uma guerra que ganha quem estiver mais preparado tecnologicamente, e para isso precisamos de uma polícia científica e delegacias especializadas para o pronto atendimento às vítimas, pois o crime se propaga na velocidade da luz na web e é potencializado a cada acesso dos internautas àquela informação que originou o delito. Em alguns países, a polícia e as autoridades judiciais já se deram conta do problema e, nos últimos anos, vêm prendendo e condenando os culpados.

Uma punição exemplar ocorreu nos Estados Unidos. Um adolescente de Wisconsin passará os próximos 15 anos na cadeia, mais 13 em condicional, após ser condenado por utilizar o Facebook para obrigar dezenas de colegas da escola a realizarem atos sexuais, chantageando-os por meio de fotos e vídeos. A condenação não é exagerada, considerando a natureza do crime, mais as 12 acusações que pesavam sobre Anthony R. Stancl, de 19 anos. Ela poderia chegar facilmente a uma pena de 300 anos de prisão.

Stancl foi acusado de se passar por uma garota no Facebook durante os anos de 2007 e 2008 e persuadir mais de 30 colegas a enviar autorretratos de nudez. Depois, ele utilizaria as imagens para chantageá-los sexualmente.

A investigação começou após a denúncia de um garoto de 16 anos, que estava sendo chantageado para fazer sexo com Stancl. O garoto, que na época tinha 15 anos, trocara fotos de sua nudez com "Kayla", identidade fictícia de Stancl na internet. A "moça" ameaçou divulgar essas imagens na escola, a menos que o adolescente aceitasse realizar atos sexuais com "um amigo dela". Stancl fotografava os encontros, o que possibilitava novas chantagens. A vítima assumiu ter participado de ao menos quatro atos sexuais, mas quando "Kayla" pediu a ele uma foto de seu irmão nu, ele contou tudo aos seus pais e à polícia.

Ao todo, a polícia identificou 31 vítimas que trocaram fotos ou vídeos com quem pensavam ser uma mulher. Mais da metade dessas vítimas afirmaram que foram ameaçadas com a divulgação das fotos na internet, a menos que concordassem em participar de atos sexuais com um amigo da "garota".

No computador do chantagista foram encontradas mais de 300 fotos de estudantes menores de idade do New Berlin Eisenhower High School, em Wisconsin, alguns inclusive com menos de 15 anos, relatou a imprensa local. Após acordo com a promotoria, Stancl não refutou as acusações de abuso sexual repetitivo da mesma criança e de abuso sexual em terceiro grau. Em troca, a promotoria retirou acusações que incluíam abuso sexual em segundo grau, sedução de menores e posse de pornografia infantil. O acusado não disse nada no tribunal além de responder às questões do juiz com "sim" ou "não" e contar que tomava remédios para depressão havia alguns anos.

Esse acordo com a promotoria também resguardou as vítimas, evitando que fossem expostas para o público por meio da imprensa, o que seria tão grave quanto a publicação das fotos. As vítimas não tiveram que comparecer para depor, um fator-chave nas negociações, disse Brad Schimel, promotor do distrito de Waukesha a um site de notícias, afirmando também nunca ter participado de um caso em que as vítimas estivessem tão apreensivas quanto ao depoimento.

As investigações caminharam junto com outro caso no qual Stancl foi acusado de escrever uma ameaça de bomba na parede do banheiro da escola, em novembro de 2008, seguida de e-mails anônimos para dois professores que diziam "Boa sorte amanhã. BUM". Stancl admitiu aos investigadores o envio do e-mail de uma biblioteca pública, novamente usando falsa identidade.

Parte 4

Outros cybercrimes

Todos os dias aparecem golpes novos na rede. As crianças são os alvos preferenciais dos criminosos

Internet é usada para aliciamento de menores

De acordo com um estudo divulgado no Brasil no início de 2012, realizado pela Fundação Scelles – instituto francês que luta contra a exploração sexual –, a grande maioria (75%) das vítimas de aliciamento é composta de mulheres com idades entre 13 e 25 anos. A fundação conclui também que a internet se tornou um meio comum de aliciamento de menores.

O relatório "A prostituição no coração do crime organizado" analisa o fenômeno em 24 países, entre eles França, Brasil, Estados Unidos, Índia, China e México. E calcula que o número de pessoas que se prostituem pode chegar a 42 milhões no planeta. O estudo revela ainda que 90% delas estão ligadas a cafetões.

O documento também aborda a questão da exploração sexual por redes de tráfico de seres humanos. De acordo com o relatório, o maior número de vítimas está concentrado na Ásia, que representa 56% dos casos. A América Latina e os países ricos registram, respectivamente, 10% e 10,8% do tráfico de pessoas para atividades ligadas ao sexo. Quase a metade das vítimas de redes de tráfico humano compõe-se de crianças e jovens com menos de 18 anos. De acordo com o documento, essa é uma das características da prostituição nos dias de hoje: o grande número de crianças exploradas sexualmente. Estima-se que 2 milhões de crianças se prostituam.

Segundo a investigação da Fundação Scelles, as redes de cafetões agora recrutam pessoas em redes sociais como Facebook e Twitter. O estudo cita um caso na Indonésia em que as autoridades prenderam suspeitos de aliciar jovens estudantes no Facebook e no Messenger. Nos Estados Unidos, a maioria das menores prostitutas é recrutada por cafetões no site de anúncios Craiglist. Os cafetões fazem falsas propostas de trabalho como modelo ou manequim e utilizam as vítimas para recrutar outras jovens.

O estudo aponta, com base em dados da agência da Organização das Nações Unidas (ONU) contra as drogas e o crime, que o tráfico de mulheres brasileiras na Europa estaria aumentando. O documento não revela números em relação ao crescimento. Essas vítimas são originárias de comunidades pobres do Norte, como Amazonas, Pará, Roraima e Amapá. Em dezembro de 2012, a polícia espanhola desmantelou uma quadrilha internacional de prostituição que mantinha brasileiras em cárcere privado.

Como agem os aliciadores de menores no Brasil

O aliciamento de menores é um crime de grande incidência nas cidades brasileiras e as autoridades fazem constantes apelos para que as famílias fiquem bem atentas à ação dos criminosos. Em Niterói (RJ), por exemplo, o Ministério Público Estadual revelou como estão agindo os aliciadores nas redes sociais. De acordo com a promotoria, o crime estaria sendo praticado por homens com idades em torno de 30 anos, que utilizam celulares e as redes do Twitter e o Facebook.

De acordo com dados apresentados pelo Ministério Público (MP) de Niterói por meio da imprensa, somente nos primeiros cinco primeiros meses de 2013 foram registrados dez casos na cidade. As autoridades recomendam que os pais observem as conversas dos filhos nas redes sociais e nos celulares. Os registros do MP revelam que homens têm conversas de conteúdo libidinoso com crianças na pré-adolescência, tentando instigar a sexualidade delas e marcar encontros.

Geralmente, o aliciador fala com as crianças por meio de mensagens de celular e procura marcar encontro em um local de grande circulação de pessoas. Nesse primeiro contato, a intenção do aliciador não é cometer abuso, mas ganhar a confiança da vítima para marcar outros encontros em locais mais reservados.

A promotoria relata o caso de uma garota de 13 anos que se comunicava com o suspeito por mensagens no Facebook. A esposa dele viu uma das mensagens e entrou em contato com a família da criança. A princípio pensou que ele falava com outra mulher, mas o pai da criança copiou o histórico da conversa.

O pai registrou o caso na delegacia e foi aberto um inquérito. O suspeito responde a processo criminal por pedofilia. Outra informação do MP é de que não apenas meninas, mas meninos também estão sendo alvos da tentativa de aliciamento.

De acordo com o Código Penal (217 A), "ter conjunção carnal ou praticar outro ato libidinoso com menor de 14 anos" pode resultar em pena de 8 a 15 anos de prisão. De acordo com o Estatuto da Criança e do Adolescente – ECA, "submeter, induzir ou atrair à prostituição ou outra forma de exploração sexual alguém menor de dezoito anos ou que, por enfermidade ou deficiência mental, não tem o necessário discernimento para a prática do ato, facilitá-la, impedir ou dificultar que a abandone: pena – reclusão de quatro a dez anos. Incorre nas mesmas penas: I – quem pratica conjunção carnal ou outro ato libidinoso com alguém menor de 18 e maior de 14 anos".

Nesses casos de aliciamento pela internet, a participação dos pais é fundamental para que se evitem danos maiores contra a integridade de seus filhos. Um bom exemplo nos vem do interior de Minas Gerais, em que a pronta ação de uma mãe determinou a prisão de um aliciador. A mãe denunciou um estudante de 22 anos para a Guarda Municipal depois de flagrar uma conversa íntima dele com sua filha menor por meio de uma rede social.

A mãe da adolescente afirmou que desconfiou do comportamento da filha, que ficava tempo demais em frente ao computador. Ela encaminhou o equipamento para técnicos de informática e mandou instalar um programa de monitoramento de atividades e conversas na internet.

Numa noite, a menor pediu o computador à mãe para fazer um trabalho. De madrugada, a mãe percebeu que a filha ainda estava acordada e, quando entrou no quarto, ela flagrou o diálogo mais íntimo com o suspeito. "Ela insistiu em permanecer com o computador, dizendo que faria um trabalho. Fiquei de olho e a peguei em uma situação suspeita. Ele a estava aliciando e a visualizei em trajes não adequados, com a webcam ligada", relatou a mãe da adolescente para a imprensa local.

Na manhã seguinte, depois da denúncia da mãe, a polícia conseguiu deter o suspeito em sua casa. Feita a busca na residência do estudante, os policiais apreenderam os computadores e notebooks do jovem, inclusive um HD externo, que passariam por perícia. A polícia confirmou que durante a vistoria foram encontrados fotos e vídeos suspeitos. O jovem foi preso em flagrante e, devido às imagens armazenadas, se condenado, pode pegar de 6 a 8 anos de prisão.

Criminosos se fazem passar por produtores de TV

No início de 2013, a Polícia Civil prendeu Ricardo Damasceno Figueiredo, 35 anos, que se passava por produtor de televisão para aliciar jovens pela internet. No computador que usava havia imagens de crianças sendo abusadas sexualmente.

De acordo com informações colhidas pela delegacia especializada em crimes de informática, as investigações começaram depois que o pai de uma das vítimas denunciou o criminoso. Ricardo aproveitava-se do desejo dos jovens em ganhar fama na televisão e os convencia a lhe mandar fotos em que apareciam nus.

Tratava-se da reprodução de um golpe realizado no mundo todo e que se alastra em nosso país. Nesse mesmo ano, no Rio de Janeiro, um homem que também se passava por produtor de televisão foi preso acusado de estupro e da utilização de perfis falsos em redes sociais. O criminoso pedia imagens íntimas de menores para, supostamente, oferecer trabalho em grandes emissoras.

Na realidade, essa estratégia dos criminosos para obter fotos e vídeos de menores é uma variante do "golpe do book de fotografias", modalidade em que o criminoso chega até mesmo a convencer os pais a liberarem fotos de seus filhos para suposto encaminhamento para agências de propaganda.

O mercado dos perfis falsos

Toda tecnologia determina novos arranjos econômicos e sociais ao criar novas necessidades para aqueles que a consomem. O problema está no tipo de necessidade que é criada, que pode ser usada para o bem, para o benefício do usuário, ou para o mal, para prejudicar terceiros. Assim, criar perfis falsos (*fake*) no Facebook para espionagem também se tornou um mercado lucrativo, em que há sempre a necessidade de novas mercadorias "ilícitas".

Com a difusão das redes sociais surge o que eu chamo de "mercado da espionagem profissional e amadora". Sobre a profissional já falamos bastante: geralmente, é feita por pessoas que buscam vantagens financeiras ou favores sexuais por meio da chantagem. Quanto à "espionagem amadora", é executada por pessoas comuns – o que move o executante é a simples curiosidade ou desconfiança em relação ao parceiro ou companheiro. O executante é levado a cometer crimes que podem até ser considerados inocentes, mas não são, porque se utilizam dos mesmos artifícios dos criminosos profissionais, como a aquisição de fotos em sites para serem utilizadas em perfis falsos.

Essas imagens são recolhidas de páginas que existem de verdade em redes sociais, deixadas desprotegidas pelos usuários, e acabam em sites que faturam com os anúncios inseridos neles e até com a venda do conteúdo. O dono da foto muitas vezes nem sabe que ela está sendo usada e, pior, pode acabar tendo de responder por eventuais ofensas e crimes cometidos pelo fake. A seguir relato um caso de que participei em que foi feita a clonagem da imagem de uma pessoa falecida. Os nomes são fictícios.

Ana soube por acaso que fotos de sua filha, assassinada em 2007 quando tinha 18 anos, eram usadas em dois perfis no Facebook. Ela foi informada sobre o perfil fake via e-mail, por um leitor do blog que ela mantém em memória da filha. Mas existia mais um perfil, e essa segunda denúncia foi feita em um comentário no mesmo blog. Ao acessar a página, Ana viu também uma foto de seu próprio perfil no Facebook sendo usada como imagem de capa da conta falsa.

Para tirar os perfis do ar, indiquei para Ana um canal de contato no Facebook em que o usuário solicita a retirada de conteúdo. Ao investigar a origem das fotos, encontrei imagens de sua filha em um site que oferta imagens de terceiros, sem autorização. A motivação para a criação de perfis falsos pode ser infinita. Nesse caso, a conta era usada para hackear outros perfis no Facebook.

Ana, depois de contatar o Facebook, conseguiu que um dos perfis fosse apagado e aguarda a análise da rede social para decidir sobre o segundo perfil.

Uma das formas para descobrir se as fotos do perfil em redes sociais foram usadas é fazendo uma busca por imagens do Google. Clique com o botão direito sobre uma foto que esteja publicada, por exemplo, no Facebook e escolha a opção "Copiar endereço da imagem". Abra a página do Google e clique na opção "Imagens" da página do lado superior direito. Você entrará no Google Imagens. Procure pelo ícone da câmera. Aparecerá a mensagem "Pesquisa por imagem. Pesquise no Google com uma imagem em vez de texto. Colar o URL da imagem". O Google fornecerá uma lista de sites em que a imagem foi postada.

Outra opção é salvar o arquivo da foto em questão no computador e depois arrastar o ícone do arquivo até o campo de buscas do site. Ou escolher a opção "Envie uma imagem" e selecionar o arquivo. O site mostrará imagens semelhantes a ela. O mesmo pode ser feito com nomes. Para isso, basta fazer uma busca no Google com o nome procurado entre aspas e verificar se não está sendo usado indevidamente em sites ou páginas maliciosas com intenções criminosas.

Os golpes de relacionamento
– a namorada russa

É indiscutível que a internet também funciona como um grande cupido. Nela desenvolveu-se uma verdadeira indústria de sites de relacionamento que produzem vários namoros e casamentos. Mas, como é de costume, os golpistas também rondam esses sites e praticam os chamados "golpes de relacionamento", que atingem cidadãos de nacionalidades diversas. No Brasil, já tivemos uma avalanche de estelionatos do tipo conhecido como "golpe da namorada russa".

A operacionalidade desse golpe é relativamente simples. O cidadão brasileiro entra em contato com uma russa ou bielorrussa, quase sempre atraente na foto, que pode ser verdadeira ou falsa. Logo no início do relacionamento virtual, a moça demonstra vontade de se transferir para o Brasil e constituir família. Como as conversas se tornam envolventes e cheias de promessas, o cidadão acaba se compadecendo da triste situação econômica da moça. E a armadilha está justamente aí, pois ela convence o parceiro virtual a fazer remessas de dinheiro para contas bancárias no exterior, supostamente destinadas à compra de passagens aéreas; ao pagamento de taxas de visto; à comprovação de condição financeira para o sustento durante a permanência no Brasil, mediante apresentação de dinheiro, em espécie, às autoridades consulares brasileiras e policiais de imigração; ao custeio de exames médicos e de seguros de saúde internacionais para a obtenção dos vistos.

A situação chegou a tal gravidade que o setor consular da Embaixada em Moscou elencou várias recomendações para os brasileiros não caírem no golpe. A principal delas é evitar a transferência de somas de dinheiro a contas bancárias no exterior. Depois, a Embaixada aconselha cuidado em conversas por webcam: "Muitas vezes as fotos enviadas pelas supostas cidadãs russas ou bielorrussas revelam-se falsas".

Esses golpes de relacionamento evoluem todos os dias e alcançam também adolescentes, mais suscetíveis a paixões fulminantes e que não medem distâncias e dificuldades. O sujeito se apaixona e se atira de cabeça num relacionamento totalmente duvidoso. No caso de adolescentes, alguns chegam até a fugir de casa para visitar quem julgam ser a sua paixão. A pessoa só vai saber que caiu num golpe quando já está numa cidade, perdida no meio do nada, para encontrar alguém que efetivamente não conhece. A vítima perfeita para extorsão, cárcere, exploração e abusos diversos.

A escolha de crianças e jovens por grupos violentos

Ao navegarem pela internet, nossas crianças e jovens podem se deparar com sites que procuram adeptos por meio da pregação da violência contra homossexuais, mulheres, negros, nordestinos, judeus e outros, além da incitação a crimes. Geralmente com inspiração no ideário nazista, seus líderes se aproveitam da ingenuidade própria dos jovens para atraí-los por meio de críticas sociais equivocadas em que apontam culpados para certas "injustiças" do mundo. O método utilizado por esses "donos da verdade" passa pela repetição constante de mensagens contaminadas de ódio e preconceito que, infelizmente, encontra ressonância em gente que tem necessidade de abraçar alguma causa, mesmo que equivocada.

Em 2012, em Curitiba (PR), dois homens foram presos pela Polícia Federal durante a "Operação Intolerância". Os jovens Emerson Eduardo Rodrigues e Marcelo Valle Silveira Mello foram apontados como responsáveis por alimentar um site na internet com informações e mensagens de ódio, ofensas a autoridades e ameaças de morte publicamente dirigidas ao deputado federal Jean Wyllys (PSOL/RJ). Além disso, havia postagens no site com informações sobre os procedimentos para matar uma pessoa, de maneira lenta ou rápida, ou, ainda, como abordar crianças para um posterior abuso sexual. Havia também citações de que lésbicas deveriam sofrer um "estupro corretivo".

No mesmo dia em que efetuaram essas prisões, os policiais federais executaram três mandados de busca e apreensão, sendo dois no Paraná e um em Brasília.

As investigações começaram após o acolhimento de mais de 70 mil denúncias crimes sobre o conteúdo ofensivo do site. Além de pregarem a discriminação, os acusados também defendiam extermínios em massa de negros, homossexuais e mulheres. As imagens no site eram fortes. Havia inclusive um manual de aliciamento de crianças. A polícia apurou que havia indicativos de que as ofensas não ficavam apenas no mundo virtual, inclusive com boletins de ocorrência contra os dois presos por agressões e ameaças. O site estava hospedado na Malásia.

Segundo a Polícia Federal do Paraná, foi localizado o mapa de uma boate perto do campus da Universidade de Brasília, muito conhecida pelos estudantes da instituição. Essa informação foi cruzada com citações no site de que uma ação contra alunos da universidade, semelhante ao massacre de Realengo, no Rio de Janeiro, estava sendo planejada e seria colocada em prática. O alvo seriam estudantes de cursos de Ciências Sociais, considerados pelos dois como "esquerdistas".

Os presos se diziam parte de uma seita que tentava captar pessoas com esses mesmos pensamentos de homofobia e violência contra a mulher. Há insinuações de que o assassino Wellington Menezes de Oliveira, o responsável pelo massacre em Realengo, teria feito contato com os dois para obter informações para o crime. Mas a polícia não contava com dados suficientes para confirmar se houve realmente a ligação entre os três.

Em fevereiro de 2013, o juiz federal substituto Tiago do Carmo Martins condenou Emerson Eduardo Rodrigues a seis anos e seis meses de prisão, e Marcelo Valle Silveira Mello a seis anos e sete meses, ambos em regime semiaberto. A decisão é de primeiro grau e cabe recurso.

Ambos foram condenados pela prática de racismo em meios de comunicação (contra raça, cor, etnia, religião ou procedência) e disseminação na internet de conteúdo pedófilo.

Links de sites falsos que roubam senhas dos usuários

De tempos em tempos surgem ondas semelhantes de crimes praticados na internet. Geralmente uma nova modalidade de crime começa num país e rapidamente é copiada por bandidos virtuais no mundo todo, inclusive com aperfeiçoamentos em relação ao golpe original. Em 2008, a Espanha registrou uma onda de ataques cibernéticos que buscava as senhas dos usuários das redes sociais, e a partir daí esse tipo de crime ganhou praticamente todos os países, aperfeiçoado em alguns para roubar até mesmo senhas bancárias.

Uma das principais estratégias colocadas em prática por hackers atualmente é criar sites infectados, que fazem parte do golpe conhecido como *phishing scam*. No primeiro estágio dessa estratégia, mensagens de spams são enviadas para milhares de usuários, sugerindo que cliquem nos arquivos anexos ou visitem um endereço na internet (geralmente, essas páginas já infectadas). Quando o internauta segue a dica, acaba baixando involuntariamente em seu computador programas maliciosos que podem tornar a máquina vulnerável ou roubar dados pessoais do usuário, por exemplo.

No caso específico das redes sociais – Facebook, principalmente –, hackers criam sites bastante parecidos com os originais e capturam as senhas da vítima. Para levar os internautas a esses clones das redes sociais, os golpistas usam computadores zumbis (máquinas infectadas controladas remotamente por eles) que espalham mensagens a milhares de usuários. Esses e-mails pedem que os destinatários cliquem em um link para acessar ou visualizar informações das redes sociais. Ao seguir as instruções, o internauta é levado a um site fraudulento, bastante parecido com a página inicial de uma rede de relacionamento. Nesse endereço, ele deve digitar seu nome de usuário e senha, que são roubados pelos criminosos. Com esses dados, golpistas podem usar perfis verdadeiros para divulgar links fraudulentos ou obter informações de outros internautas também cadastrados no site.

É evidente que crianças e jovens estão extremamente expostos a esse golpe. Portanto, a orientação dos pais à criança, que também serve para prevenir outros tipos de crime, é que ela nunca deve clicar em links sugeridos por e-mails de desconhecidos. Na realidade, abrir links deve ser uma atividade monitorada por adultos, mesmo que seja sugerido por supostos conhecidos, pois até os e-mails podem ser falsos.

Quadrilhas procuram sinais de ostentação na web

Golpistas, entre eles chantagistas e ladrões, necessitam de informações para cometer seus crimes. Antigamente, os criminosos se valiam de informantes que atuavam muito próximo a suas futuras vítimas: amigos, colegas de trabalho, empregados etc. Quando não podiam contar com informantes, os golpistas partiam para um longo processo de observação dos hábitos da vítima. Esses métodos não foram abandonados nos dias de hoje, mas, com a internet, a partir da difusão do uso de redes sociais, esse trabalho de obtenção de informações foi facilitado.

Dois bandidos invadiram uma residência de alto padrão na cidade de Ypacaraí, Paraguai. De acordo com o dono da casa, os dois assaltantes estavam armados, com os rostos cobertos, e perguntavam o tempo todo pelo dinheiro da família, porque as fotos postadas na internet mostravam que a casa era de pessoas ricas.

Acordada de madrugada, a família foi mantida presa num dos dormitórios da casa, enquanto os ladrões se dirigiam para os cômodos em busca de dinheiro e outros objetos de valor, como joias e eletrodomésticos. O dono da casa, que costumava postar fotos suas e da mulher ao lado de aviões particulares, relatou à polícia que os assaltantes pareciam conhecer bem o lugar e que sempre citavam as fotografias do Facebook ao reclamarem algum objeto que estaria faltando.

Na Austrália, uma menina de 17 anos publicou em seu perfil a foto de uma boa quantia de dinheiro que ela havia contado junto com a avó. Algumas horas depois da postagem, dois ladrões armados e mascarados "visitaram" a casa da mãe da adolescente – localizada a 120 km de Sydney. A mãe da menina explicou que sua filha já não morava com ela, e sim com a avó, em outra localidade. Não obstante a explicação da mãe, os ladrões insistiram em vasculhar a casa em busca de dinheiro e levaram tudo que consideraram que tinha algum valor. Ninguém ficou ferido e as autoridades não souberam explicar como eles chegaram tão rápido ao antigo endereço da menina, mas é evidente que a maior suspeita era também a internet.

Entre os vários casos semelhantes acontecidos no Brasil, menciono o ocorrido no estado de São Paulo em 2011. Um rapaz de 16 anos publicava no Facebook suas fotos de equipamentos eletrônicos e de viagens ao exterior. Um de seus colegas de escola, ao ter acesso a essas fotos, planejou um assalto, com a ajuda de dois adultos.

Esse "amigo" fez uma cópia da chave da casa do jovem ostentador e a cedeu para os ladrões, que à noite realizaram o assalto, rendendo quatro pessoas. Depois de vasculharem a casa, um dos assaltantes virou-se para o rapaz que havia postado as fotos no Facebook e disse: "Não tem tanta coisa aqui como você disse no Face". Segundo a polícia, os assaltantes deixaram o apartamento levando joias, celulares, relógios, dinheiro e eletroeletrônicos. Material que foi recuperado pela família, porque os dois homens, na fuga, trocaram tiros com a polícia. Nas investigações que se sucederam, os policiais chegaram ao "amigo" que dera todas as dicas para os ladrões por meio das informações que ele havia levantado no Facebook da vítima.

Parte 5

Dicas de proteção na internet

Atitudes que ajudam a evitar problemas no uso de computadores e dispositivos móveis de comunicação

Ambiente totalmente seguro na internet é um mito

Não pense que somente crianças e adolescentes estão sujeitos a ser vítimas de crimes na internet; adultos incautos também estão. Portanto, reforço que ambiente eletrônico 100% seguro é mito. Estão aí os casos de espionagem envolvendo agentes da inteligência dos Estados Unidos que conseguiram interceptar e espionar as comunicações na web de autoridades e cidadãos comuns. Tudo o que fazemos on-line tem consequências também fora da internet.

Todo cuidado é pouco na hora de publicar suas informações na rede mundial de computadores. Conscientize-se de que você está em um local público, onde tudo que você divulga pode ser lido ou acessado por qualquer pessoa, tanto agora como futuramente, sem possibilidade de arrependimento, pois não há como voltar atrás. Alerte seus filhos. O conteúdo divulgado na internet nem sempre pode ser totalmente excluído ou ter o acesso controlado. Uma opinião impensada pode ficar acessível para sempre, por isso a internet não admite ingenuidades, e a história de que "só você vai ver" é uma lenda. Esteja certo de que sempre haverá alguém pronto para se aproveitar de qualquer momento de "distração". Danos à imagem e à reputação podem se propagar rapidamente, causando danos irreparáveis às pessoas envolvidas.

Portanto, adote uma postura de ação preventiva e aproveite todos os benefícios de forma segura. Leve para a vida virtual os mesmos cuidados que você tem incorporados à rotina da vida real, como por exemplo não deixar a porta de casa aberta, prestar atenção quando for ao banco ou fazer compras, escolher lugares adequados para o lazer, ter cuidado com pessoas mal-intencionadas, não passar informações sigilosas para desconhecidos, orientar e proteger seus filhos.

A consciência digital, independente da idade, é o caminho mais seguro para o bom uso da internet, sujeita às mesmas regras de ética, educação e respeito ao próximo.

Regras básicas

Sistema operacional em dia

Os sistemas operacionais utilizados em computadores, tablets e smartphones devem estar sempre atualizados a fim de corrigir eventuais vulnerabilidades exploradas por hackers. O mesmo vale para navegadores e programas leitores de e-mail.

Proteção contra vírus intrusos

Mantenha um programa de antivírus instalado, atualizado e habilitado para proteger o computador contra o acesso de hackers, vírus, worms e pragas virtuais. O antivírus também deverá filtrar conteúdo, imagens e sites ofensivos.

Desligue o computador quando não o estiver usando e cubra a webcam se ela não estiver em uso. Programas remotos de espionagem conseguem acessá-la.

Ao menor indício de que o computador está infectado por vírus ou programa espião, desligue a máquina e consulte imediatamente um técnico em informática para solucionar o problema.

Instalação de programas gratuitos

Instale somente programas disponíveis em sites conhecidos e de lojas virtuais oficiais disponibilizadas pelo fabricante do dispositivo móvel.

Backup de arquivos

Faça regularmente uma cópia atualizada dos arquivos mais importantes. Você pode usar mídias (como CD, DVD, pen drive, disco de Blu-ray e disco rígido interno ou externo) ou armazená-los remotamente (on-line ou off-site). Armazene seus arquivos mais sensíveis em formato criptografado.

Senhas seguras

Crie senhas fortes e fáceis de serem memorizadas. Use pelo menos oito caracteres; quanto mais longa for a senha, mais difícil será descobri-la. Procure misturar caracteres, como números, sinais de pontuação e letras maiúsculas e minúsculas. Utilize as iniciais de uma frase longa que faça sentido para você. Troque as senhas periodicamente.

Para uso em família

Computador à vista

Mantenha o computador em uma área comum da casa, com visibilidade para a tela. Não o deixe no quarto ou em lugares em que seu filho se sinta isolado, confiante em acessar sites não recomendados. Mantenha o som aberto, sem fones de ouvido. Estabeleça um limite de tempo para a utilização do computador.

Estabeleça regras

Discuta com seu filho o que é e o que não é permitido fazer: que tipo de site ele pode visitar, participação em salas de bate-papo e fóruns, linguagem empregada, tempo utilizado.

Faça uma lista sobre as regras para não haver dúvidas e assegurar-se sobre o comprometimento do jovem on-line. Deixe claras as penalidades em caso de utilização indevida.

Se o computador é compartilhado com outras pessoas da família, organize regras para o grupo sobre o uso apropriado e o comportamento on-line. Imprima e mantenha à vista de todos para que sejam cumpridas.

Mantenha-se atualizado sobre internet e informática. Leia notícias e procure saber as tendências e modismos que atraem crianças e jovens. Peça ao jovem que ensine a você o que sabe e navegue com ele de vez em quando.

Verifique periodicamente o histórico de acessos na internet e procure saber por meio de diálogo quais são os hábitos do seu filho na web.

Controle dos pais

Use os recursos para controle do conteúdo acessado no computador por meio de ferramentas chamadas Controle de Pais ou "Parental Control", que permitem filtrar conteúdos, definir horários de utilização do computador, execução de programas e determinados games.

Esse controle permite acessar um relatório que lista todas as atividades realizadas no computador. Também é possível instalar aplicativos em dispositivos móveis para restringir conteúdo impróprio.

Navegação fora de casa

Digite o endereço do site que deseja visitar e evite deixar informações armazenadas nas máquinas. Sempre que possível, troque o endereço das páginas de "http://" por "https://". O "s" garante uma navegação mais segura, através de uma conexão criptografada, que verifica a autenticidade do servidor e do cliente por meio de certificados digitais.

Evite acessar sua conta bancária ou fazer transações que exijam seus dados financeiros. Nunca opte pela alternativa "salvar senha", disponível em webmails e redes sociais.

Troque sua senha com frequência e não se esqueça de fazer log off das páginas que exigem login e senha para navegar, como páginas de sites, e-mail, redes sociais.

Utilize um programa de criptografia para enviar dados sigilosos, assim só quem tem a chave consegue ler novamente.

Fique atento à extensão do site e fuja de endereços estranhos. Sites com as extensões .gov (de governos), .edu (instituições educacionais), .ml (militar), por exemplo, precisam de permissão para serem usados. Extensões como .org, .net e .com podem ser compradas por qualquer pessoa e não exigem verificação.

Orientações para os filhos

Crianças pequenas (3 a 7 anos)

Explique a importância da segurança on-line. Oriente-as a não usarem os nomes verdadeiros e não revelar o lugar onde moram ou a escola onde estudam. Navegue com o seu filho pela internet. Seja o exemplo e transforme o ato de navegar em conjunto numa atividade lúdico-pedagógica. Como no mundo real, guie-o no mundo virtual e nas atitudes.

Pré-adolescentes (8 a 12 anos)

Discuta com seu filho sobre como agem os fraudadores, como ocorre o roubo de identidade e fale sobre a importância de se manter seguro on-line. Instrua-o a conversar com você sobre o menor indício de ameaça, mesmo para as que pareçam feitas de "brincadeira". Oriente-o a dizer não e pedir para parar diante de ameaças ou situações constrangedoras, incluindo pessoas conhecidas ou do convívio cotidiano.

É possível bloquear usuários, denunciar comportamentos agressivos ou incômodos ao provedor de e-mail, à operadora de telefonia, ao serviço de mensagem instantânea, ao site de rede social ou outro.

Encoraje o jovem a relatar atividades suspeitas ou material indevido recebido e coloque-se sempre à disposição para ajudar. Caso suspeite de que alguém esteja praticando atividades ilegais on-line, denuncie às autoridades policiais ou ao site <http://nightangel.dpf.gov.br>, específico para crimes contra os direitos humanos na internet.

Quando o conteúdo envolve crianças e adolescentes na internet, você pode denunciar em sites de ONGs de proteção à criança, a adolescentes ou à mulher. Também pode procurar a polícia, de preferência uma delegacia especializada em crimes de informática, ou se dirigir ao Conselho Tutelar mais próximo. Como na vida real, lembre-se de que tentar localizar os agressores e tomar satisfação não é uma boa ideia. Deixe essa tarefa para as autoridades competentes.

Menores de 13 anos não podem ter perfis em boa parte das redes sociais, devido a uma lei federal dos Estados Unidos – o Ato de Proteção à Privacidade On-line Infantil, ou COPPA.

Adolescentes (13 a 18 anos)

Resguarde os dados pessoais

Instrua seu filho a não divulgar dados pessoais em locais públicos na internet, como nome completo, endereço da casa ou do trabalho dos pais, telefone, nome da escola, e-mail. A antiga máxima "nunca fale com estranhos" vale também na internet.

Redes sociais

Conheça os amigos virtuais do seu filho, tente conhecer os pais e inclua-os em suas redes. Estabeleça contato com eles e, se possível, mantenha-os entre seus amigos virtuais.

Eduque o adolescente a não responder a mensagens de desconhecidos e gravar quando houver ameaças ou imagens violentas. Ele não deve revidar uma agressão, uma piada sem graça, uma "zoação" coletiva, sob o risco de ser processado judicialmente.

Explique que os relacionamentos acabam e mostre a importância de nunca enviar imagens sensuais ou íntimas. Brigas ou fim de relacionamento devem ser bem resolvidos.

A reação passional pode transformar pessoas amáveis em criminosos virtuais.

Oriente seu filho a conversar com a família quando ele tiver dúvidas em relação aos comportamentos sexuais indicados por algum modismo na internet.

Encontros virtuais devem ser cercados de cuidados. A internet não é suficiente para conhecer o caráter de alguém.

O jovem deve saber que, no ambiente virtual, nunca teremos certeza de que quem está por trás de um perfil, de um e-mail ou apelido é a pessoa que realmente diz ser.

O adolescente deve ter em mente que as redes sociais não são confessionários e mesmo informações que parecem inocentes podem ser usadas contra ele. Chantagistas se valem delas para elaborar seus golpes a partir de informações particulares de suas vítimas.

Tantos os adultos quanto os jovens devem pensar muito bem antes de publicar qualquer informação que coloque em risco a própria segurança ou do grupo familiar. Exibir ou ostentar bens materiais nas redes sociais pode atrair ladrões para a sua casa.

Estimule seu filho a usar as configurações de privacidade disponíveis para todas as redes sociais. Dessa forma, protege-se a vida on-line e permite-se que ela seja compartilhada apenas com as pessoas desejáveis.

Oriente seu filho a nunca expressar preconceito pela internet, seja de sexo, cor ou origem – isso também vale para a vida real e determina uma boa formação familiar e de cidadania.

Apelidos virtuais (nicknames)

Utilizar apelidos é prática comum na internet e uma maneira de proteger informações pessoais. Somente cuide que o apelido usado seja algo aceitável socialmente, para não criar mais problemas ou até mesmo o bullying.

Informações contra você

Lembre seu filho constantemente de que não são apenas os amigos que podem ter acesso ao que ele divulga na web. Explique ao jovem que os atuais e futuros colegas de escola e de trabalho, parentes, inimigos, estranhos e até criminosos podem ver, copiar e manipular o que é divulgado na internet para, no futuro, usar isso contra ele.

Uma vez publicado, perde-se totalmente o controle da foto, vídeo ou texto. O jovem deve saber que, no ambiente virtual, algumas brincadeiras "inocentes" como o compartilhamento podem trazer sérias consequências.

Olho nas despesas

Monitore sua conta telefônica e o extrato de cartão de crédito. Para acessar sites adultos, o internauta precisa do número de um cartão de crédito e de um modem que pode ser usado para discar outros números, além do provedor de acesso à internet.

Nunca transfira dinheiro para conta de estranhos e jamais empreste cartões bancários e de crédito com suas senhas. Em geral, fraudadores são bastante criativos e persuasivos. Lembre-se de que transferir dinheiro eletronicamente é como entregar dinheiro. O remetente não possui nenhuma proteção contra perda.

Aliciamento e chantagem on-line

Os adultos da família do adolescente devem estar atentos às mensagens recebidas por ele no celular, e-mails, recados em blog, site de relacionamento ou redes sociais, contendo convites para encontros, imagens sensuais, de sexo ou conteúdos impróprios para a idade. Isso pode ser uma tentativa de aliciamento.

Os aliciadores fingem ser amigos virtuais, são "amáveis" nas primeiras conversas e podem se passar inclusive por crianças ou pessoas de outro sexo. Tentam encantar o adolescente apresentando um mundo desconhecido relacionado ao sexo e estimulando fantasias impróprias.

Desenvolvem conversas de interesse do universo juvenil. Elogiam gostos e preferências para ganhar a confiança. A princípio, provocam e compartilham pequenos ilícitos que serão usados para manter seus contatos com o jovem em segredo. Induzem o adolescente para as "vantagens" das conversas via webcam.

Aliciadores editam e manipulam fotos com o rosto da vítima em cenas de sexo ou cometendo crimes. Ameaçam divulgar na internet as fotos manipuladas para humilhar a vítima diante de amigos e familiares. Costumam fazer convites para ações violentas ou criminosas, a partir do momento em que sentem que ganharam a confiança da vítima.

Chantagistas e aliciadores ameaçam um encontro com a vítima para agressões físicas. Fingem saber, ou sabem de fato, o endereço da vítima. Colocam-se numa posição de inatingíveis pela polícia e induzem a pensar que as denúncias não terão efeito sobre eles. Não medem as consequências de seus atos – são frios e podem até mesmo apelar para o sequestro ou abuso sexual.

Para todos os internautas
Golpes na internet

Roubo de identidade virtual

É o crime que envolve o uso de documentos furtados para cometer fraudes como transações financeiras, abrir empresas fantasmas, criar contas bancárias ilegítimas, entre outros.

Você pode ter sua identidade roubada de várias formas, entre elas, ser vítima de phishing, cavalos de troia, keyloggers, malwares e sites fraudulentos, como por exemplo anúncios falsos de e-mail. O prejuízo pode ser grande se o ladrão estiver de posse de dados como nome completo, data de nascimento, CPF, RG, endereço.

Proteção

Para evitar esse tipo de crime, use um bom antivírus.

Não responda a e-mails suspeitos que contenham links que direcionem para outros endereços ou que realizem downloads.

Fuja de mensagens instantâneas que peçam informações como o nome do usuário, senha, número de documentos pessoais ou de cartões de crédito, o nome de solteira da sua mãe, seu aniversário.

Tenha zelo quando for solicitado a fazer um login on-line. Certifique-se de que o site é verdadeiro e nunca compartilhe sua senha nem a envie por e-mail.

Mídias removíveis e smartphones guardam dados sensíveis e podem ser roubados ou perdidos, por isso, todo o cuidado é pouco.

Não exponha informações pessoais em redes sociais sem necessidade e tenha certeza de que as informações publicadas não lhe causarão dano.

Monitore as faturas de seu cartão de crédito e conta bancária frequentemente. Desconfie das promessas de dinheiro fácil e negócios bons demais para serem verdade.

Fique atento às notificações de acesso da sua conta de e-mail ou perfil na rede social.

Fraude de antecipação de recursos

O golpista procura induzir uma pessoa a fornecer informações confidenciais ou a realizar um pagamento adiantado, com a promessa de receber algum tipo de benefício.

O golpe da Nigéria é um dos mais conhecidos, havendo casos que mencionavam outros países, geralmente de regiões pobres ou que estejam passando por conflitos políticos, econômicos e raciais. Há variações relacionadas, como loteria internacional, crédito fácil, doação de animais, oferta de emprego, relacionamentos amorosos forjados.

Proteção

Mensagens que oferecem facilidades demais, que pedem sigilo nas transações ou pedem urgência na resposta geralmente são golpes.

Não responda a mensagens desse tipo. Isso pode confirmar que o seu endereço de e-mail é válido e ser incluído em listas de spams ou outros golpes.

Desconfie de situações em que seja necessário fazer um pagamento com a promessa de receber um valor maior.

Phishing

É o tipo de fraude por meio da qual um golpista tenta obter dados pessoais e financeiros de um usuário, utilizando meios técnicos e engenharia social.

Uma das formas mais comuns de phishing ocorre por meio do envio de e-mails, postagens em redes sociais ou mensagens SMS, que tentam se passar por comunicações de uma grande empresa. Essas mensagens induzem a vítima a fornecer dados pessoais e financeiros, por meio do acesso a páginas falsas; da instalação de códigos maliciosos, projetados para coletar informações sensíveis; e do preenchimento de formulários contidos na mensagem ou em páginas web.

Exemplos de situações envolvendo phishing são páginas falsas de comércio eletrônico, de internet banking, companhias aéreas, redes sociais, solicitações de recadastramento, mensagens com links maliciosos para baixar e executar um arquivo.

Proteção

Não abra e não responda a mensagens desconhecidas. Fuja de e-mails que tentam induzi-lo a fornecer informações, instalar e executar programas que não têm nenhuma relação com o que você faz rotineiramente.

Geralmente os golpistas se valem de promoções de descontos elevados, propagandas de produtos, concursos, avisos judiciais, álbuns de fotos e vídeos, imposto de renda, prêmios, multas, serviços de telefonia e notas fiscais eletrônicas para pegar o internauta desprevenido. As empresas não enviam mensagens indiscriminadas para seus usuários pedindo informações ou fazendo ameaças diante dos procedimentos descritos.

Sites fraudulentos de comércio eletrônico ou compras coletivas

O objetivo desse golpe é enganar os possíveis clientes, que, após efetuarem o pagamento, não recebem as mercadorias.

Nesse caso, o golpista, para aumentar as chances de sucesso, costuma utilizar artifícios como: enviar spam, fazer propaganda via links patrocinados, anunciar descontos em sites de compras coletivas e ofertar produtos muito procurados e com preços abaixo dos praticados pelo mercado.

Proteção

Seja cauteloso ao comprar em sites de compras coletivas e não tome decisões impulsivas. Pesquise na internet sobre o site em questão para ver a opinião de outros clientes e o valor do produto anunciado. Desconfie de preços praticados abaixo do mercado.

Plágio e violação de direitos autorais

É a cópia, alteração ou distribuição não autorizada de qualquer obra intelectual (texto, música, fotografia, filme etc.), em partes ou na íntegra, sem os créditos para o autor original. No Brasil é considerado crime, previsto no Código Penal, na Lei n. 9610.

Os textos publicados e veiculados na internet devem ser respeitados da mesma forma que os textos publicados em outros meios. Somente é correto baixar músicas e filmes da internet se as obras tiverem sido disponibilizadas gratuitamente pelos titulares de seus direitos autorais ou se o interessado tiver pago o valor relativo à sua reprodução.

Os programas de computador são protegidos nos termos da Lei 9.609, de 19 de fevereiro de 1998, cujas regras seguem, de modo geral, a mesma linha de raciocínio aplicada aos direitos autorais. Sendo assim, a cópia de programas de computador não pode ocorrer livremente, exceto a dos chamados softwares livres. Caso seja um programa de computador convencional, somente é permitido efetuar uma única cópia do software que houver sido legalmente adquirido e desde que tal cópia tenha sido feita com a finalidade de backup.

Sou vítima, e agora?

Aliciamento on-line

Denuncie ao órgão competente, Polícia Federal ou Ministério Público, para que seja realizada investigação e, consequentemente, a prisão do aliciador. Em caso de aliciamento on-line, você também pode denunciar em <www.denunciar.org.br>.

Cyberbullying, difamação ou crime contra a honra

Colete e preserve as evidências do crime eletrônico, como e-mail, telas, arquivos, imagens, chats, e registre ata notarial em cartório.

De posse das provas, procure a Delegacia de Polícia Civil ou Delegacia Especializada em Crimes Cibernéticos para registrar a ocorrência.

Solicite ao prestador de serviço a remoção do conteúdo ilegal e/ou ofensivo.

Fotos íntimas na internet

Colete e preserve as evidências do crime eletrônico, como e-mail, telas, arquivos, imagens, chats, e registre ata notarial em cartório.

De posse das provas, procure a Delegacia de Polícia Civil ou Delegacia Especializada em Crimes Cibernéticos para registrar a ocorrência.

Procure um profissional em crimes eletrônicos para identificar a origem do meio da divulgação (Facebook, WhatsApp, e-mail, blog, Twitter, Instagram etc.) e identificar a pessoa que fez a divulgação sem autorização para, a partir disso, mover ação de indenização por danos morais.

Perfil falso

Registre uma ata notarial em cartório e denuncie na rede social. Crimes de calúnia e difamação estão previstos no Código Penal Brasileiro.

Perda ou furto de celular

Informe imediatamente a operadora de telefonia para bloquear temporariamente a linha (ou o cartão SIM). Por lei, o número pode ficar bloqueado por até 120 dias antes de ser liberado para uso novamente, por outra pessoa. Serão pedidos alguns dados cadastrais, que variam de acordo com a prestadora de serviço. Altere todas as senhas dos serviços que estavam cadastrados no telefone. Registre um boletim de ocorrência.

Golpes

Troque as senhas ou PINs de todas as contas que possam estar comprometidas.

Entre em contato com o banco e/ou com a administradora de cartões de crédito para reportar o ocorrido e siga as instruções da instituição.

Verifique regularmente suas faturas de cartão de crédito e extratos bancários para ver se há cobranças indevidas ou solicitações que você não fez.

Termos mais usados no mundo virtual

Adware
Do inglês *advertising software*. Tipo específico de spyware, programa projetado especificamente para apresentar propagandas. Pode ser usado de forma legítima, quando incorporado a programas e serviços, como forma de patrocínio ou como retorno financeiro para quem desenvolve programas livres ou presta serviços gratuitos. Também pode ser usado para fins maliciosos, quando as propagandas apresentadas são direcionadas, de acordo com a navegação do usuário e sem que ele saiba que tal monitoramento está sendo feito.

Agent
Programa de computador ou processo que opera sobre uma aplicação cliente ou servidor e realiza uma função específica, como uma troca de informações.

Alias
Significa segundo nome ou apelido. Pode referenciar o endereço eletrônico alternativo de uma pessoa ou grupo de pessoas, ou um segundo nome de uma máquina. É também um dos comandos básicos do Unix.

Aplicação
Programa que faz uso de serviços de rede, tais como transferência de arquivos, login remoto e correio eletrônico.

Autoestrada da informação
Ligação ou conjunto de ligações entre computadores, formando uma rede de redes, de preferência com meios de comunicação extremamente rápidos. Um nome abusivamente usado (sobretudo nas mídias tradicionais) para designar a internet, embora nela ainda tenhamos de conviver com interligações bastante lentas.

Backdoor
Tipo de código malicioso. Programa que permite o retorno de um invasor a um computador comprometido, por meio da inclusão de serviços criados ou modificados para esse fim. Normalmente esse programa é colocado de forma a não ser notado, e é comumente enviado por e-mails ou links falsos.

Baixar (Download)
Processo de transferência de arquivos de um computador remoto para o seu através de modem e programa específico.

Banco de dados (database)
Em termos de internet, computador que contém um número muito grande de informações, as quais podem ser acessadas pela rede.

Bandwidth
Largura de banda. Termo que designa a quantidade de informação passível de ser transmitida por unidade de tempo, num determinado meio de comunicação (fio, fibra ótica etc.). Normalmente medida em bits por segundo, kilobits por segundo, megabits por segundo etc.

Bit
Um bit é a menor unidade de informação com a qual um computador pode trabalhar. Cada bit é um 1 ou um zero.

Normalmente computadores trabalham com grandes pedaços de bits em vez de um bit de cada vez; o menor "pedaço" de bits utilizado geralmente é um byte, que corresponde a 8 bits.

Byte
Um byte corresponde a 8 bits.

Bps
Medida da taxa de transferência real de dados de uma linha de comunicação. É dada em bits por segundo. Variantes ou derivativos importantes incluem Kbps (= 1000 bps) e Mbps (= 1000000 bps).

Bridge
Dispositivo que conecta duas ou mais redes de computadores, transferindo, seletivamente, dados entre ambas.

Browser (navegador de internet)
Programa utilizado para visualizar na tela as páginas da World Wide Web. Exemplos: Internet Explorer, Mozilla, Safari etc.

Cavalo de troia
Tipo de código malicioso. Programa normalmente recebido como um "presente" (por exemplo, cartão virtual, álbum de fotos, protetor de tela, jogo etc.) que, além de executar as funções para as quais foi aparentemente projetado, executa outras funções, normalmente maliciosas e sem o conhecimento do usuário. Exemplo: um e-mail contendo um link sobre uma notícia bombástica, mas na verdade é um programa que captura suas senhas.

Cello
Programa (browser) para navegar na internet.

CERN

Em português, Centro Europeu de Investigação Nuclear. Um dos centros mais importantes da internet (e, claro, de investigação física). Nele trabalham centenas de investigadores e sua "joia da coroa" é um grande círculo de aceleração de partículas com 27 km de diâmetro, que fica por baixo de Genebra, na Suíça, atualmente o maior acelerador de partículas existente no mundo.

CERT

Computer Emergency Response Team. Organismo criado em 1988 pela Defense Advanced Research Projects Agency – Darpa –, com o objetivo de tratar questões de segurança em redes, em particular na internet.

Chain letter

Carta que é recebida por alguém e enviada para várias pessoas e assim sucessivamente, até que se torna excessivamente difundida. Normalmente o seu texto incita à difusão da carta por outras pessoas.

Ciberespaço

Mundo virtual, onde transitam diferentes formas de informações.

Character Encoding Scheme

Método de codificação de caracteres, incluindo os alfabéticos, números, pontuação e outras marcações, além de caracteres de controle usando números binários. Para um computador "escrever" a letra A ou o número 7 na tela, por exemplo, nós precisamos ter uma maneira de dizer a ele que um determinado grupo de bits representa a letra A ou o número 7. Existem padrões, comumente chamados de "conjunto de caracteres", que estabelecem que um determinado byte representa um A, e outro byte refere-se ao 7. Os dois padrões mais comuns para representação de caracteres em bytes são ASCII e EBCDIC.

Conexão
Ligação do seu computador a um computador remoto.

Cookie
Pequeno arquivo que é gravado no computador quando o usuário acessa um site e reenviado a esse mesmo site quando novamente acessado. É usado para manter informações sobre o usuário, como carrinho de compras, lista de produtos e preferências de navegação.

Cracker
É aquele tipo de pessoa que tenta acessar sistemas sem autorização. Essas pessoas geralmente não têm as melhores intenções, ao contrário dos hackers, e possuem muitos meios de quebrar um sistema.

Criptografia
Ciência e arte de escrever mensagens em forma cifrada ou em código. É parte de um campo de estudos que trata das comunicações secretas. É usada, entre outras finalidades, para: autenticar a identidade de usuários; autenticar transações bancárias; proteger a integridade de transferências eletrônicas de fundos; proteger o sigilo de comunicações pessoais e comerciais.

DAT
Digital Audio Tape, fita de armazenamento de alta densidade.

Dataram
Pacote de informação que contém os dados do usuário, permitindo sua transferência numa rede de pacotes.

DDN

Acrônimo para Defense Data Network, uma porção da internet que conecta bases militares norte-americanas e seus fornecedores e é usada para comunicações não confidenciais. MILNET é uma das redes DDN.

Diretório (directory)

Arquivos em alguns sistemas de computadores que ficam agrupados juntos. Arquivos comuns para um mesmo tópico geralmente ficam organizados em diretórios e subdiretórios separados.

Domain (domínio, em português)

Trata-se de uma classificação para identificar os computadores na rede. Consiste em uma sequência de nomes ou palavras separadas por pontos. É nada mais nada menos que um sistema de endereçamento da internet que envolve um grupo de nomes que são listados com pontos (.) entre eles, na ordem do mais específico para o mais geral. Existem domínios superiores divididos por áreas, como: .edu (educação), .com (comercial) e .gov (governo). Em todos os países (exceto EUA) ocorre uma abreviatura de duas letras para identificar cada nação, como: br (Brasil) e fr (França).

Domain Name Server (DNS)

Método usado para converter nomes da internet em números correspondentes. O DNS faz com que você utilize a internet sem ter que decorar longos números.

Domínio público (software de)

Programa disponível publicamente, segundo condições estabelecidas pelos autores, sem custo de licenciamento para uso. Em geral, o software é utilizável sem custos para fins estritamente educacionais e não tem garantia de manutenção ou atualização. Um dos grandes trunfos da internet é a quantidade praticamente inesgotável de software de domínio público, com excelente qualidade, que circula pela rede.

Doom
Um dos mais famosos jogos distribuídos em shareware na internet. Apresenta vários níveis, efeitos sonoros, é em três dimensões e permite que vários jogadores joguem simultaneamente, cada um no seu computador. Um verdadeiro clássico no gênero tiros e explosões.

Download
Na linguagem popular seria o mesmo que "baixar". Método para receber no seu computador local uma cópia de um arquivo que existe em um computador remoto.

Emoticon
Ícone feito da combinação de letras e números ou mesmo uma figura já pronta, usada para expressar algum sentimento.

Endereço IP
Número especialmente desenvolvido para acessar um computador na internet. Todo computador precisa ter um IP se estiver ligado a uma rede.

Ethernet
Padrão muito usado para a conexão física de redes locais (redes que não são da internet, por exemplo, rede de casa ou da empresa), originalmente desenvolvido pelo Palo Alto Research Center (PARC) da Xerox nos Estados Unidos.

FAQs (Frequently Asked Questions)
Perguntas feitas com frequência por usuários em relação a um determinado assunto. Pode ser um programa, um jogo etc.

FDDI
Acrônimo de Fiber Distributed Data Interface, um padrão para o uso de cabos de fibras óticas em redes locais (LANs) e metropolitanas (MANs). A FDDI fornece especificações para a velocidade de transmissão de dados (alta, 100 Mbps) em redes em anel, podendo, por exemplo, conectar mil estações de trabalho a distâncias de até 200 quilômetros.

Firewall
Sistema de segurança de rede cujo principal objetivo é filtrar o acesso a uma rede.

Flame (em chamas)
Postagens de mensagens provocativas ou polêmicas feitas por pessoas mal-intencionadas, podendo produzir consequências negativas. O usuário que envia essas mensagens é conhecido por flamer.

Foo
Palavra comumente usada para exemplificar qualquer coisa em literatura técnica na área de informática. Ela frequentemente aparece em exemplos de nomes de domínios, como ana@foo.bar.com.x

Freenet (rede livre)
Organização que provê acesso livre à internet para pessoas de uma determinada área, geralmente através de bibliotecas públicas.

Freeware
Software distribuído em regime gratuito, mas segundo alguns princípios gerais, como a impossibilidade de alteração de qualquer parte para posterior distribuição, impossibilidade de venda etc.

FTP (File Transfer Protocol)

Protocolo de transferência de arquivos. Ferramenta que permite transferir arquivos e programas de uma máquina remota para a sua e vice-versa na internet.

FTP anônimo

É o uso do protocolo FTP em localidades conectadas à internet que oferecem acesso público aos seus arquivos, sem a necessidade de identificação ou senha.

Full-IP

Ligação total à internet, através de uma linha dedicada ou outro meio de comunicação permanente. Assim, todos os serviços de internet estão disponíveis no computador que possui esse tipo de ligação.

FYI

Acrônimo de For Your Information (FYI), um subconjunto das RFCs com conteúdo consideravelmente menos técnico.

Gateway

Sistema de computadores que conecta duas ou mais redes, fazendo com que haja uma troca de dados entre elas.

GIF (Graphics Interchange Format)

Tipo de arquivo de armazenamento de imagens, desenvolvido pela CompuServe e amplamente difundido na internet. Esses arquivos são identificados pelo sufixo .gif.

Gopher

Meio de navegação através de menus. Ferramenta muito usada com a função de localizar e recuperar arquivos na internet. O nome "gopher" é proveniente da mascote da Universidade de Minnesota, local onde o projeto foi desenvolvido.

GUI (Interface Gráfica ao Usuário)
Interface que une ícones e funções para realizar tarefas e facilitar a vida do usuário.

Hacker
Pessoa que sente prazer em ter um entendimento mais íntimo do funcionamento de um sistema, de um computador e de redes de computadores, em particular. O termo tem sido usado equivocadamente como sinônimo de cracker.

Hashtag
Palavra bastante familiar aos usuários de redes sociais. Indica termos marcados com a inicial #. Começaram a ser usadas pelo Twitter para destacar algum assunto importante em pauta. Com o passar do tempo, outras redes sociais também aderiram ao recurso, como o Instagram, Pinterest, Tumblr e mais recentemente o Facebook.

Header (cabeçalho)
A parte de um pacote que precede os dados e que contém a fonte, o destino e o endereço, checagem de erros e outros campos. O cabeçalho também é a parte de uma mensagem eletrônica que traz, entre outras coisas, o remetente, dia e hora.

Hiperlink
São palavras em destaque em uma página da web nas quais se pode clicar e navegar pelos serviços e servidores da rede.

Hipermídia
Termo que descreve aplicações de multimídia interativas e não sequenciais que possuem ligações de hipertexto entre diversos elementos, como texto, gráficos, ilustrações, sons, vídeos e animações. Soma das propriedades do hipertexto com as da multimídia.

Hipertexto

Uma maneira de acessar dados relacionados em um banco de dados. As interfaces mais comuns são as linhas de comando, os menus de opções e os recursos de apontar e clicar. Em vez de uma estrutura linear, o hipertexto é uma cadeia de informações sem sequência, ligadas de maneira criativa. Lógica parecida com a de uma pesquisa de sinônimos num dicionário, em que significados remetem a outros significados indefinidamente.

Home Page (página de entrada)

Página inicial de um site da internet (também chamado de sítio). Compreende uma apresentação do site e de todo o seu conteúdo – seria como a capa de uma revista. O termo página de entrada também pode se referir à página, ao índice de diretório de servidor web site de um grupo, empresa, organização ou indivíduo, ou página principal que é visualizada quando o navegador de internet (como Firefox, Internet Explorer ou Opera) é aberto.

Host

Em informática, host ou hospedeiro é qualquer máquina ou computador conectado a uma rede, podendo oferecer informações, recursos, serviços e aplicações aos usuários. Os hosts variam de computadores pessoais a supercomputadores, entre outros equipamentos.

Howto

Documentos em formato eletrônico que acompanham o Linux (versão de sistema operacional de domínio público do Unix, semelhante ao Windows, porém de outro fabricante) e que constituem uma espécie de manual, em que se pode procurar informação sobre quase toda a tarefa de instalação, administração e atualização do Linux.

Linux

Sistema operativo de domínio público com todas as características do Unix, com uma implantação invejável e em constante evolução.

HREF

Símbolo (tag) HTML que, em um link, indica o endereço para o qual esse link conduz.

HTML

HyperText Markup Language, conjunto de especificações (símbolos) que determinam como o browser irá formatar o texto e qual a função que cada pedaço do texto terá no documento. Em máquinas Unix, a extensão .html designa um arquivo HTML, isto é, um arquivo texto que contém as especificações HTML e que portanto deverá ser lido por um web browser. Em máquinas Windows, a extensão .htm serve ao mesmo propósito.

HTTP

HyperText Transfer Protocol, conjunto de instruções para servidores web que determinam como eles devem responder aos vários comandos iniciados pelos usuários. Um exemplo simples seria quando o usuário clica em um link que leva a outra parte do mesmo arquivo. O servidor recebe a informação de que o link foi ativado e manda de volta uma determinada parte do arquivo, que então será mostrada.

Hytelnet

Banco de dados sempre atualizado, que fornece informações sobre localidades Telnet específicas e ajuda a conectá-las.

ID ou username (nome do usuário)

Endereço que representa uma conta pessoal em um grande computador. Exemplo: info@mantelmedia.com.

IMG
Abreviação para imagem. Indica um link para um arquivo gráfico. Browsers gráficos permitem que você opte por não carregar as imagens nas páginas web caso esse procedimento consuma tempo demais.

Infobahn
O mesmo que super-rodovia de informações ou *super infohighway*.

Internic
Organização americana que atribui números IP únicos a quem pedi-los e é também o gestor da raiz (topo da hierarquia) do DNS mundial.

IP (Internet Protocol)
O mais importante dos protocolos em que se baseia a internet.

ISDN (RDSI)
Rede digital que integra serviços de diversas naturezas como voz, dados, imagens etc. que deve substituir gradualmente a infraestrutura física atual de comunicações, em que cada serviço tende a trafegar por segmentos independentes. Não disponível em termos comerciais amplos no Brasil.

ITU
International Telecommunications Union. Órgão da ONU responsável pelo estabelecimento de normas e padrões em telecomunicações.

JPEG
Assim como gif, é um formato de arquivos gráficos, sendo ambos padrões para imagens na web. A principal diferença

entre gif e jpeg é a forma como os dados são comprimidos (em gif a perda é menor, em jpeg é maior).

K
Significa "sobre 1.000", derivado do grego *kilo*. Por exemplo, 8.6K significa, aproximadamente, 8.600 caracteres.

Kermit
Programa popular de transferência de arquivos e emulação de terminal.

LAN (Lan Area Network)
Qualquer rede tecnológica física que opera em alta velocidade em curtas distâncias (pouco mais de 200 metros).

Link
Qualquer parte de uma página web que se conecta a algo mais. Clicar ou selecionar um link, portanto, fará com que esse algo mais apareça. A primeira parte de uma URL mencionada em um link indica o método ou o tipo do link. Os métodos incluem: arquivo (para arquivos locais), ftp, ghoper, http, mailto, news and wais (para algumas formas de procura).

Leased-line
Linha alugada. A maior parte das linhas que ligam as várias máquinas da internet é composta de linhas alugadas disponíveis permanentemente. Com uma linha alugada, dois computadores encontram-se em conexão permanente.

Listas de discussões, Grupos de discussões
Grupos de discussão na internet (newsgroups) compreendem milhares de assuntos e são mais antigos que a

própria web. As mensagens podem ser lidas diretamente no programa de correio eletrônico.

Linha dedicada

Linha telefônica que fica permanentemente ligada entre dois lugares. Linhas dedicadas são encontradas frequentemente em conexões de tamanho moderado a um provedor de acesso.

Listserv

Programa que fornece o processamento automático de muitas funções envolvidas com as listas de correspondência (grupos de discussões). O envio, através do correio eletrônico, de mensagens apropriadas para esse programa automaticamente o inscreve (ou cancela a inscrição) como usuário de uma lista de discussão. O Listserv também responde a solicitações de índices, FAQs, arquivos das discussões anteriores e outros arquivos.

Lynx

Programa (browser) para navegar na web. O Lynx foi pensado para ser usado em terminais de texto, portanto só se pode visualizar a informação textual, ficando a restante (imagens, sons etc.) disponível para gravação no disco do seu computador para mais tarde ser visto/ouvido.

Mailing list

Lista de endereços de correio eletrônico, usadas por um "explodidor" de mail para enviar mensagens a grupos de pessoas. Pode ser moderada.

Mail server

Programa de computador que responde automaticamente (enviando informações) a mensagens de correio eletrônico com determinado conteúdo.

MAN
Acrônimo de Metropolitan Area Network, uma rede de abrangência metropolitana.

Meme
O termo *meme* é usado para descrever um conceito que se espalha via internet. É uma referência a uma teoria ampla de informações culturais criada por Richard Dawkins em 1976 em seu livro *O gene egoísta*.

MIME (Multipurpose Internet Mail Extensions)
É um aperfeiçoamento dos padrões do sistema de correio da internet, que possui a habilidade de transferir dados não textuais como gráficos, áudio e fax e permite que se enviem mensagens com a acentuação em português.

Modem (MOdulator/DEModulator)
Dispositivo eletrônico que converte os sinais enviados pelo computador em sinais de áudio, que serão enviados ao longo das linhas telefônicas e recebidos por outro modem que irá receber o sinal sonoro e convertê-lo de volta em sinais de computador.

Mosaic
Interface gráfica que atua como um software cliente para o FTP, Gopher, Usenet News, WAIS e WWW. "Pai" do Netscape.

MUD
Multi User Dungeon. É um jogo para vários utilizadores, normalmente presente num servidor qualquer na internet. É uma espécie de mundo virtual onde se pode encontrar e interagir com vários jogadores. Normalmente, passa-se tudo textualmente (nada de imagens bonitas ou sons espalhafatosos).

Multicast
Endereço para uma coleção específica de nós (computadores) numa rede, ou uma mensagem enviada a uma coleção específica de nós. É útil para aplicações como teleconferência.

Navegação
Ato de se conectar a diferentes computadores da rede distribuídos pelo mundo, usando as facilidades providas por ferramentas como browsers. O navegante da rede realiza uma "viagem" virtual explorando o ciberespaço, da mesma forma que o astronauta explora o espaço sideral. O termo foi cunhado por analogia ao termo usado em astronáutica.

Netiquette (netiqueta)
Comportamento aceitável na rede. Regras de ciberconvivência baseadas no bom senso.

NFS
Network File System é o protocolo de compartilhamento de arquivos remotos desenvolvido pela Sun Microsystems. Faz parte da família de protocolos TCP/IP.

Newbie
Novato na internet.

Newsgroups (listas de discussão)
Ferramenta que permite a troca pública de mensagens sobre os mais variados assuntos.

Newsgroup Usenet (Netnews)
Grupos de discussão que usam software newsreader e servidores.

NIC (CI)
Network Informations Center. Centro de informação e assistência ao usuário da internet, disponibilizando documentos como RFCs, FAQs e FYIs, realizando treinamentos etc.

NIS
Serviço usado por administradores Unix para gerenciar bases de dados distribuídas através de uma rede.

NIS+
Versão atualizada do NIS. Acrônimo para Network Information System (NIS), é um sistema distribuído de bases de dados que troca cópias de arquivos de configuração unindo a conveniência da replicação à facilidade de gerência centralizada. Servidores NIS gerenciam as cópias de arquivos de bases de dados, e clientes NIS requerem informação dos servidores em vez de usar suas cópias locais desses arquivos.

NNTP (Network News Transfer Protocol)
Padrão usado para a troca de mensagens dos usuários da Usenet na internet.

Nó (Node)
Computador ligado à rede, também chamado de host.

NOC (Network Operations Center)
Centro administrativo e técnico responsável por gerenciar os aspectos operacionais da rede, como o controle de acesso a ela, "roteamento" de comunicação etc.

On-line
Termo usado para expressar que estamos ligados a um computador numa rede.

OSI

Open Systems Interconnection (OSI) é um modelo conceitual de protocolo com sete camadas definido pela ISO, para a compreensão e o projeto de redes de computadores. Trata-se de uma padronização internacional para facilitar a comunicação entre computadores de diferentes fabricantes.

Packet (pacote)

Na internet, os dados são desmembrados em pequenas porções chamadas de "pacotes". O tamanho dos "pacotes" pode variar de 40 até 32.000 bytes, dependendo da rede. Normalmente, menos de 1.500 bytes.

Par trançado

Cabo constituído por pares de fios de cobre trançados uns aos outros fazendo com que se cancelem os efeitos de ruídos elétricos.

Pathname

Informação que designa somente um item no servidor. Pathnames apresentam a forma volume/folder/.../name, sendo o volume o dispositivo de armazenagem (normalmente um hard disk) onde os arquivos ficam, e "folder/.../" designa uma série de pastas (ou, em se tratando de DOS e Unix, diretórios) contendo o arquivo (você também encontrará nomes na forma ~name; estes designam usuários).

PGP (Pretty Good Privacy)

Programa para a codificação de mensagens inventado por Philip Zimmermann. Uma mensagem enviada dessa forma é indecifrável e só o seu destinatário pode decodificá-la.

Ping

O Ping (Packet Internet Group) é um programa TCP/IP usado para testar o alcance de uma rede, enviando a nós remotos uma requisição e esperando por uma resposta.

PIR (Ponto de Interconexão de Redes)

Locais previstos para a interconexão de redes de mesmo nível (peer networks), visando assegurar que o roteamento entre redes seja eficiente e organizado. No Brasil, os três principais PIRs estão previstos em Brasília, Rio de Janeiro e São Paulo.

POP

1. Point of Presence (ponto de presença); 2. Post Office Protocol – protocolo usado por clientes de correio eletrônico para manipulação de arquivos de mensagens em servidores de correio eletrônico.

Port

1. Número que identifica uma aplicação particular na internet. Quando o seu computador manda um "pacote" para outro computador, esse "pacote" contém informação sobre o protocolo que está sendo usado e que aplicação está se comunicando com ele; 2. Computador com canais de entrada e saída.

Posting

Artigo individual mandado para o grupo de discussão da Usenet ou o ato de mandar um artigo para o Usenet.

Postmaster

Pessoa responsável por solucionar os problemas ligados ao e-mail.

PPP (Point to Point Protocol)
Protocolo que permite ao computador usar os protocolos TCP/IP (internet) com o padrão telefônico e alta velocidade de modem (substitui SLIP).

Processo
Programa que roda num determinado instante, portanto presente na memória do computador. Essa terminologia é usada em máquinas Unix, em que é possível ter vários processos correndo ao mesmo tempo.

Protocolo (protocol)
Designação formal dos formatos de mensagens e de regras de dois computadores que precisam ser seguidos para que possa haver troca de mensagens. O padrão de protocolos permite que computadores de diferentes usuários se comuniquem, fazendo com que programas "rodem" em ambos, concordando com os dados contidos.

Provedor de acesso
Organização que provê acesso à internet.

Provedor de informação
Instituição cuja finalidade principal é coletar, manter e/ou organizar informações on-line para acesso através da internet por parte de assinantes da rede. Essas informações podem ser de acesso público incondicional, caracterizando um provedor não comercial, ou constituir um serviço comercial em que existem tarifas ou assinaturas cobradas pelo provedor.

Provedor de serviço
Tanto o provedor de acesso quanto o de informação.

Repetidor
Dispositivo que propaga (regenera e amplifica) sinais elétricos em uma conexão de dados para estender o alcance da transmissão, sem fazer decisões de roteamento ou de seleção de pacotes.

RFC
Acrônimo para Request for Comments. RFCs constituem uma série de documentos editados desde 1969 e que descrevem aspectos relacionados com a internet, como padrões, protocolos, serviços, recomendações operacionais etc. Uma RFC é em geral muito densa do ponto de vista técnico.

Rota (rout)
Caminho na rede feito desde a origem até seu destino.

Roteador (router)
Computador dedicado a mandar "pacotes" de um lugar para outro.

Realidade virtual
É qualquer uma das várias combinações de recursos de interface de usuário que permite a este interagir com o computador ou sistema, de uma maneira que tenta imitar da forma mais perfeita possível o ser humano. Pode incluir vários tipos de recursos.

Servidor
Numa rede, é um computador que administra e fornece programas e informações para outros computadores.

SGML
Standard General Markup Language. Linguagem de descrição de páginas em hipertexto mais geral que o HTML.

Shareware

Programa disponível publicamente para avaliação e uso experimental, mas cujo uso em regime pressupõe que o usuário pagará uma licença ao autor. Note-se que shareware é distinto de freeware, no sentido de que um software em shareware é comercial, embora em termos e preços diferenciados em relação a um produto comercial "ortodoxo".

Signature

Assinatura. Geralmente é a porção de texto incluída no fim de uma carta eletrônica ou de um artigo de news (nesse caso, por norma, deve ser inferior a 4 linhas, com no máximo 80 caracteres em cada uma).

SLIP

Serial Line IP é um protocolo internet bastante popular usado via interfaces seriais.

SMTP

O Simple Mail Transfer Protocol é o protocolo internet usado para correio eletrônico.

SNMP

O Simple Network Management Protocol é um protocolo usado para monitorar e controlar serviços e dispositivos de uma rede TCP/IP. É o padrão adotado pela RNP para a gerência de sua rede.

Spam

Termo usado em referência a e-mails não solicitados, que geralmente são enviados para um grande número de pessoas. Quando o conteúdo é exclusivamente comercial, esse tipo de mensagem é chamada de UCE (do inglês Unsolicited Commercial E-mail).

Spyware

Consiste em um programa automático de computador que recolhe informações sobre o usuário, sobre os seus costumes na internet, e transmite essa informação a uma entidade externa, sem o conhecimento do usuário.

String

É uma sequência de caracteres, façam eles sentido ou não: "marluz" é um string, mas "z@x#tt!" também é. Todas as palavras são strings, mas poucos strings são palavras. Um formulário de busca pode pedir, algumas vezes, que você digite um string para a procura, o que significa que você deve definir algumas palavras-chave por onde começar a busca.

Sysop

Abreviatura de system operator, a pessoa que opera e mantém um BBS.

Talk

Serviço que permite a comunicação escrita on-line entre dois usuários da internet.

Tag

Sequência (string) de caracteres na forma <...> ou <...></...>. Esses símbolos indicam ao browser como formatar o texto, como por exemplo: ... indica que o que estiver entre os símbolos deverá aparecer em negrito. Vale destacar que a barra / funciona como símbolo de fechamento (nesse caso, fechando o comando para negrito).

T1, T3

Padrões que representam 1.544 megabits (T1) e 45 megabits (T3) por segundo na transmissão de dados.

TCP/IP (Transmission Control/Internet Protocol)

Linguagem usada na internet como suporte de serviços como Telnet, transferência de arquivos (FTP) e correio (SMTP). Permite que milhões de pessoas possam usar centenas de computadores ao mesmo tempo.

Telnet

Ferramenta utilizada para estabelecer comunicação com outras máquinas em outros lugares. Quando é estabelecida a conexão via Telnet, você está no computador remoto, ou seja, é como se você estivesse usando o computador no lugar onde ele está instalado.

Terminal do servidor (Terminal server)

Pequeno e especializado computador de rede que conecta vários terminais na LAN através de uma conexão de rede. Qualquer usuário na rede pode conectar-se a vários hosts de rede.

Transceiver

Dispositivo para conexão física de um nó de uma rede local.

Transferência de arquivos

Cópia de arquivos entre duas máquinas via rede. Na internet, implantada e conhecida por FTP.

UDP

Acrônimo para User Datagram Protocol, o protocolo de transporte sem conexão da família TCP/IP, usado com aplicações como a de gerenciamento de redes (SNMP) e de serviço de nomes (DNS).

Unix

Sistema operacional que suporta um número muito grande de computadores. É também conhecido como "o sistema operacional da internet".

Upload

"Fazer um upload" significa transferir um arquivo de seu computador para um computador remoto, usando qualquer protocolo de comunicações.

URL (Universal Resource Locator)

URLs identificam unicamente itens na internet, sejam eles sites, páginas web ou partes de páginas, gophers, sites ftp ou caixas de correio (mailboxes). Quando você clica em um link, seu browser irá inspecionar a URL para determinar o que deve ser feito: carregar uma nova página, recuperar um arquivo através de seu diretório, enviar uma mensagem etc. Uma URL aparece dessa forma: http://www.mantelmedia.com.

Vírus

Software malicioso que vem sendo desenvolvido por programadores que, tal como um vírus biológico, infecta o sistema, faz cópias de si mesmo e tenta se espalhar para outros computadores, utilizando-se de diversos meios.

Referências na internet

<http://www.Weblolnet.com/2012/12/pm-publica-fotos-da-ex-nua-na-internet.html>

<http://www.portalk3.com.br/Artigo/regiao/na-internet-homem-posta-fotos-intimas-da-ex-mulher>

<http://www.brasilescola.com/sociologia/bullying.htm>

<http://www.estadao.com.br/noticias/tecnologia,bullying-na-internet-e-problema-global-mostra-pesquisa,821498,0.htm>

<http://veja.abril.com.br/noticia/vida-digital/quase-um-quinto-das-criancas-sofre-com-cyberbullying>

<http://g1.globo.com/mundo/noticia/2013/04/jovem-que-se-suicidou-apos-estupro-e-bullying-e-cremada-no-canada.html>

<http://www.primeirahora.com.br/noticia/78298/homem-e-preso-por-chantagear-adolescente-com-falso-video-de-sexo>

<http://br.noticias.yahoo.com/canad%C3%A1-prende-dois-suspeitos-suic%C3%ADdio-jovem-teve-foto-012917074.html>

<http://stj.jusbrasil.com.br/noticias/3085863/condenado-por-extorquir-namorada-que-conheceu-pela-internet-permanecera-preso>

<http://g1.globo.com/Noticias/Tecnologia/0,,MUL610995-6174,00-GOLPE+DO+BO+AMEACA+INTERNAUTA+COM+FALSAS+DENUNCIAS.html>

<http://g1.globo.com/Noticias/Tecnologia/0,,MUL614655-6174,00-HACKERS+CRIAM+CLONES+DO+FACEBOOK+PARA+ROUBAR+SENHAS.html>

<http://www.bahianoticias.com.br/principal/noticia/136505-estudante-de-direito-e-preso-acusado-de-chantagear-ex-namorada-com-fotos-intimas.html>

<http://www.gazetadopovo.com.br/vidaecidadania/conteudo.
phtml?id=1199701&tit=Hacker-usa-internet-para-chantagear-e-
estuprar-jovem-de-18-anos>

<http://www.ultimahora.com/por-fotos-facebook-asaltan-una-familia-
ypacarai-n711407.html>

<http://www.leparisien.fr/faits-divers/miami-il-tue-sa-femme-et-poste-la-
photo-sur-facebook-09-08-2013-3041645.php>

<http://www.abc.com.py/nacionales/policia-pide-tener-cuidado-con-el-
uso-de-redes-sociales-605429.html>

<http://www.annoticias.com.br/Noticias/policial/video-de-cidadao-que-
teve-celular-furtado-do-pirapo-ja-esta-espalhado-na-internet>

<http://www.diarioweb.com.br/novoportal/Noticias/Cidades/116572,,Justi
ca+condena+chantagem+na+internet.aspx>

<http://www.parana-online.com.br/editoria/policia/news/616380/?noticia
=MODELO+E+VITIMA+DE+CHANTAGEM+PELA+INTERNET>

<http://manchetesdodiaadia.blogspot.com.br/2012/08/5-adolescente-de-
itapeva-sp-sofre.html>

<http://tecnologia.terra.com.br/internet/americano-e-condenado-por-
chantagem-e-pedofilia-no-facebook,c248eeb4bddea310VgnCLD20000
0bbcceb0aRCRD.html>

<http://www.tvredepetropolis.com.br/site/index.php/petropolisnews/
item/2436-promotora-alerta-para-tentativas-de-aliciamento-de-
menores-pela-internet>

<http://www.jmonline.com.br/novo/?noticias,5,pol%CDcia,78412>

<http://blogs.estadao.com.br/jt-radar/cresce-aliciamento-de-menores-para-
prostituicao-via-redes-sociais/>

<http://g1.globo.com/minas-gerais/triangulo-mineiro/noticia/2013/04/mae-
encontra-conversa-de-filha-na-internet-e-jovem-e-preso-em-uberaba.
html>

<http://www.ebc.com.br/noticias/brasil/2013/02/preso-no-rio-falso-
produtor-de-televisao-acusado-de-aliciar-menores>

<http://tecnologia.uol.com.br/noticias/redacao/2013/08/22/mercado-paralelo-de-perfis-falsos-no-facebook-usa-ate-foto-de-jovem-morta.htm>

<http://www.abc.es/tecnologia/20130824/rc-miles-fotografias-robadas-playas-201308250910.html?utm_source=abc.es&utm_medium=modulo-sugerido&utm_content=noticia-AB&utm_campaign=outbrain=obinsite>

<http://g1.globo.com/pr/norte-noroeste/noticia/2013/08/apos-fotos-intimas-pararem-na-web-mulher-diz-sofrer-preconceito-diario.html>

<http://saladeimprensa.ibge.gov.br/noticias?view=noticia&id=1&idnoticia=2382&busca=1&t=pnad-2005-2011-numero-internautas-cresce-143-8-pessoas-celular-107-2>

<http://www1.folha.uol.com.br/cotidiano/1017192-jovem-coloca-fotos-em-rede-social-e-atrai-assaltantes.shtml>

<http://g1.globo.com/goias/noticia/2013/10/nao-me-arrependo-porque-fiz-por-amor-diz-garota-sobre-video-de-sexo.html>

<http://www.parana-online.com.br/editoria/policia/news/600756/?noticia=PF+PRENDE+INCITADORES+DE+CRIMES+DE+ODIO+NA+INTERNET>

<http://www.conjur.com.br/2013-fev-20/dois-homens-sao-condenados-parana-incitar-violencia-internet>

<http://www.safernet.org.br/site/>

Visite nosso site e conheça
estes e outros lançamentos

www.matrixeditora.com.br

Busque e destrua

Conheça o outro lado da história – o livro não autorizado que o Google não quer que você leia. Em *Busque e Destrua*, Scott Cleland detalha por que a empresa mais poderosa do mundo não é quem demonstra ser. Informação é poder, e, no caso do Google, poder é influenciar e controlar praticamente tudo o que passa pela internet. Cleland prova que a marca número 1 do mundo não é digna de confiança. Ele revela a agenda política oculta da empresa e como sua famigerada missão de organizar a informação do mundo é destrutiva e errada.

Viva e deixe viver

Essa é a vida de quem se transforma e transforma o mundo ao seu redor contando histórias. É a história de uma iniciativa que muda a vida de centenas de milhares de crianças e adolescentes. *Viva e deixe viver* está presente em hospitais de vários cantos do Brasil. Começou como uma ideia de Valdir Cimino, ganhou corpo e, pelo poder da leitura, está transformando as relações humanas que envolvem médicos, enfermeiros, funcionários da área de saúde, os pacientes e seus familiares. Prepare-se para ler um livro cheio de histórias de coragem, de entrega, de dedicação, de amor e de muita superação. Que vão emocionar pelo exemplo e que provavelmente irão mudar a sua maneira de ver a dor do próximo e querer ajudar os outros. Isso, sim, é viver.

Max Factor

Desenvolvendo maquiagem para o cinema mudo, depois para o cinema falado e, por fim, para os filmes em cores, Max criou looks para Katharine Hepburn, Rita Hayworth, Bette Davis e um sem-número de outras beldades da época. Em pouco tempo, as mulheres de todo lugar queriam se parecer com suas estrelas favoritas, e Factor estava lá para ajudá-las. Ele revolucionou o mundo da beleza inventando cosméticos inovadores, como cílios postiços, gloss, base, sombras, lápis para sobrancelha, corretivo, rímel com aplicador e maquiagem à prova d'água. Max Factor foi o pai da maquiagem moderna, e essa é a sua extraordinária história.

Coaching Líder Transformador

Nesse livro em forma de caixinha estão 100 perguntas práticas para desenvolver as habilidades e o mindset – aquelas características psicológicas muito específicas, dessas que não se ensinam nas escolas de negócio. Você vai rever sua maneira de liderar e vai se tornar um líder transformador, com alto nível de energia e determinação.

facebook.com/MatrixEditora